MERIAN *aktiv*

Kärntner Seen

Theo Reisner

W0083338

Erläuterung der Symbole

 Restaurant

 Museum, Galerie

 Wandern, Spazieren

 Radeln

 Zoo, Tiergehege, Reiten

 Ort als Ausflugsziel

 Theater, Veranstaltung

 Wasseraktivitäten

 Tipps für Kids

 Sport & Fitness

 Freizeit-/Activitypark

Shopping

für Regentage

Inhalt

Seite

Inhalt

Seite

Seite

Die Region Kärntner Seen stellt sich vor

Berge, Seen – und das »richtige« Klima

K arntn is lei ans« – »Kärnten gibt's nur einmal«: Wer schon mal dort war, der kennt dieses häufig gebrauchte Zitat als Ausdruck eines gut entwickelten Selbstbewusstseins. Wer noch nicht dort war, der wird sich bei seinem ersten Besuch darüber wundern, wie oft er zu hören bekommt, wie einmalig das südlichste aller neun österreichischen Bundesländer ist. Das Tragische daran ist: Es stimmt auch. Kärnten hat, wovon andere Urlaubsgebiete träumen – eine Bilderbuchlandschaft als Kombination von Bergen und Seen, das »richtige« Klima südlich des Alpenhauptkammes und eine professionelle touristische Infrastruktur, zwölf Monate im Jahr. Die Wasserwelt besteht hier rein statistisch aus 1270 »stehenden« Gewässern und 8000 Fluss-

kilometern. Thermalquellen wie im Warmbad Villach sind streng genommen noch hinzuzufügen – insgesamt 60 an der Zahl –, abenteuerliche Schluchten mit Wasser-

Kärnten hat, wovon andere ...

fällen und Gumpen fürs Canyoning ebenso. Alleine im Jahr 2010 wurden von den 200 die 44 größeren wissenschaftlich überprüft und mit dem Attribut »Trinkwasserqualität« ausgezeichnet. Etwas Besseres gibt es nicht.

D ie hier beschriebenen fünf Regionen sind natürlich allesamt mit dabei. Sie liegen auf einer Fläche von nur 140 Kilometern Länge und 40 Kilometern Breite, das ergibt knapp 60 Prozent von ganz Kärnten. Zum Schwimmen geeignet sind alle

Techendorf am Weissensee: Herzlich willkommen im sonnigen Kärnten, dessen Seen mit gutem Grund auch als »blaue Kronjuwelen« bezeichnet werden.

Seen zwischen Ende Mai und Anfang Oktober – und im Hochsommer erreichen die Wassertemperaturen bis zu 27 Grad.

Der Bergfreund findet in Kärnten ein genauso vielseitiges Terrain zur körperlichen Erbauung. Allein 120 Dreitausender liegen auf Kärntner Gebiet. Ein Ausflug mit ei-

... Urlaubsgebiete träumen

ner Gondelbahn auf die Alm als »Einstiegsdroge« hat schon manch einen Bergskeptiker bekehrt. Die Palette reicht von sportlichen Ausflügen in die schroffen Ausläufer der Karawanken über gemütliche Wanderungen in den Karnischen Alpen oder den mäßig steilen Nockbergen bis zu strammen Bergtouren bis zu strammen Bergtouren bis auf den fast 4000 Meter ho-

hen Großglockner an der Grenze zu Tirol. Apropos Grenzen: Der germanische, romanische und der slawische Kulturkreis stoßen rund um das Vierländereck Kärnten, Friaul, Südtirol und Slowenien auf höchst angenehme Weise an alte Kärntner Traditionen – gerade auch beim Essen und Trinken. Der Wörthersee als die Nummer eins im Bunde ist zugleich das Wohlfühl-Barometer für den gesamten Kärnten-Tourismus: Er ist sowohl das größte als auch das »vornehmste« Gewässer. Der Ossiacher See gilt als die Camping-Hochburg und hat immer etwas Beschauliches an sich. Hotelkomplexe findet man hier selten. Der Millstätter See sieht sich als »Juwel«. Elegante Herrschaftsvillen säumen seine Ufer, dunkelgrün und unergründlich tief schimmert sein Was-

Naturbelassen: Das Lesachtal rühmt sich als »umweltfreundlichstes Tal Europas«.

ser. Der Klopeiner See versprüht einen Hauch »Karibik« und konkurriert bei den Wassertemperaturen mit dem Mittelmeer. Glasklar ruht der romantische, an Fjordlandschaften im hohen Norden erinnernde Weissensee. Charakteristisch für den Pressegger See ist seine geringe Tiefe, die ihm schnell warme Wassertemperaturen beschert. Die Ufer säumen großflächigen Schilfbestände. Doch so schön diese Seen auch sind – Kärnten hat noch viel mehr zu bieten, was dieses Bundesland zu einem perfekten Urlaubsziel macht.

Der Bau einer Eisenbahn im Jahre 1864 gilt als entscheidende Starthilfe für die Entwicklung der Region zum Tourismusziel. Nach einem Durchhänger in den 1970er-

Jahren – frei nach dem Motto »solange der Roy Black, die Uschi Glas und der Udo Jürgens da sind, kommen die Fremden sowieso« – wurde das Angebot verbessert und auch eine Wintersaison aufgebaut. Mit beachtlichem Erfolg: In der Wintersaison 2009/2010 kamen rund

Eine Bilderbuchlandschaft ...

820 000 Gäste nach Kärnten, im Sommer 2010 waren es etwa 1,8 Millionen Besucher, die knapp 9 Millionen Mal übernachteten. Ein Drittel davon waren Österreicher, rund 40 Prozent Deutsche, gefolgt von Niederländern und Italienern. Auch für die Zukunft ist das Bundesland gewappnet: 10 000 Kärntner Gastgeber, vom 5-Sterne-Hotel bis zur Ferienwohnung am Bauernhof, stellen Besuchern über 155 000

Betten zur Verfügung (Camping-plätze nicht mitgerechnet). All das lässt die Vermutung zu, Kärnten wäre ein »reines« Urlaubsland. Dem ist aber nicht so: Viel Geld spülen neben mittelständischen Unternehmen und Dienstleistern auch große Industriebetriebe wie Infineon mit rund 4000 Angestellten nahe Villach in die Kasse.

Alle fünf Seenregionen schöpfen ihren Erholungswert aus einer Kombination von Natur mit hoch-

Entdeckungen gemacht werden können: vom Fledermausmuseum über Mountainbike-Touren durch Bergwerksstollen bis zum Spaziergang auf dem Seegrund.

Unter diesen Aspekten ist auch der topografische Leitfaden in diesem MERIAN aktiv entstanden – nicht als pure Beschreibung von ein paar Gewässern, sondern als Darstellung von fünf Gesamtkunstwerken für aktive Gäste, die die Kombination von Erholung und Genuss, Wasser und Berg-welt lieben. Außer-dem behaupten die

... mit herrlichen Bergen und Seen

wertiger Gastgeberkultur und gelebtem Brauchtum. Gut zu Buche schlägt auch die Tatsache, dass von jedem See aus innerhalb einer knappen Autostunde viele weitere

Kärntner ja gern: Die Luft sei hier seidiger, das Licht poetischer und die Leute seien heiterer als anderswo. Das Tragische daran: Auch daran ist ein Fünkchen Wahrheit!

Kulturbeflissen: 665 Wappen gibt es im Wappensaal im Landhaus Klagenfurt zu sehen.

70 Ausflüge für Freizeit und Kultur in Kärnten

Einmal Mittelalter und retour

Im 13. Jahrhundert erstmals erwähnt, zwischendurch von Hohenstaufer-Prominenz wie Kaiser Friedrich II. bewohnt, hat sich die revitalisierte Ruine heute auf die Wiederbelebung des Mittelalters spezialisiert – mit Ritterspielen, Märkten und mit pompösen Rittermahlzeiten. In historischen Gewändern servieren Mundschenke Deftiges wie »Pratenes von des Bauern grunzend Hausgetier mit in Fett bachenen Knollen des Nachtschattengewächses« – Letzteres wird neuzeitlich auch schlicht »Pommes« genannt. Im Mittelaltermarkt darf man dem Sattler, Schuster und Silberschmied bei der Arbeit über die Schulter schauen. Die Gauklertruppe »Flugträumer« bietet

Artistik, Pantomime und spielt mit dem Feuer. Vierzehn Tage lang im August finden als Höhepunkt der Saison die »Ritterspiele Burg Sommeregg« mit international bekannten Stunt-Gruppen statt. Alle Darbietungen sind für die ganze Familie geeignet – das Foltermuseum in der Burg vielleicht ausgenommen: Über 100 originalgetreue Werkzeuge als Dokumente der Grausamkeit können aufs Gemüt schlagen, zumal eine Sonderausstellung von Amnesty International belegt, dass dieses Thema noch keineswegs endgültig abgeschlossen ist. Entspannender wirkt der Gift- und Heilpflanzengarten »Satans Werk und Gottes Gabe« im Außenbereich, der auch einen Panoramablick auf die Kärntner Bergwelt freigibt – die Burg liegt selbstverständlich auf einem ehemals schwer einnehmbaren Felshügel.

Einer Zeitreise gleicht der Besuch auf Burg Sommeregg während der alljährlichen Ritterspiele.

KARTE ▶ AE3

Was: Ausflug ins Mittelalter
Wo: Burg Sommeregg, Schlossau 7, 9871 Seeboden, Tel. 0 47 62/8 13 91
Wann: tgl. Apr., Sept., Okt. 11–17 Uhr,

Mai–Juni 10–18 Uhr, Juli–Aug. 10–20 Uhr
Wie viel: Mittelaltermarkt (nur während der Ritterspiele) kostenlos; Eintritt Foltermuseum 6 €, Kinder die Hälfte

Pflanzengarten 2 €, Kinder frei; Ritterspiele 19 €, Kinder 11 €; Knappenschmaus ca. 22 €, Anmeldung erforderlich
Web: www.sommeregg.at

In weiter Ferne, so nah: Der Millstätter See bleibt auch am gleichnamigen Höhensteig im Blickfeld.

»Bergberührungen« in acht Etappen

Immer zwischen 600 und 2600 m Seehöhe bewegt sich, wer eine der acht Etappen des erst seit dem Jahr 2010 voll erschlossenen »Millstätter See Höhensteiges« in Angriff nimmt: 200 Wander-Kilometer mit Georeferenz rund um den See, aufgeteilt in 13 Tagesetappen – alles zusammen 6000 m Höhendifferenz. Das Motto »Verborgene Bergberührungen« will kundtun, dass es sich um eine emotional besetzte Angelegenheit mit Überraschungseffekten handelt, und genau so ist es auch: Als solcher begegnet uns zum Beispiel der rubinrote Halbedelstein »Böhmischer Granat«, der hier im 19. Jahrhundert abgebaut wurde und mit richtigem Namen »Karfunkel« heißt. Dazu gehören auch Kultplätze und Kraftorte, die von »hadischen Leit« bevölkert waren – wie die Heiden im Volksmund genannt wurden. Deren Geschichte ist in die Marmorplatte des »steinernen Tisches« eingraviert, der ihnen am Gipfel des Tschiernocks als Opferstätte gedient haben soll und das Highlight der ersten Etappe ist. Besonders im Frühling kann man sich hier auch am Anblick des echten, kurzstieligen Enzians erfreuen, der die Almwiesen ab 1000 m Seehöhe in ein schönes Blau taucht.

KARTE ▶ AE/AF3/4

Was: »Verborgene Bergberührungen« am Millstätter See Höhensteig
Wo: Rund um den Millstätter See
Wann: Apr.–Okt. je nach Wetterlage

Essen & Trinken: 24 Einkehrmöglichkeiten unterwegs, z. B. im Gasthaus Klammer (Etappe 4), Elternhaus der Skilegende Franz Klammer in 9712 Fresach,

Mooswald 22, Tel. 0 42 45/4 83 34; 2-Haubenrestaurant im Landhotel Moerisch, Tangern 2, 9871 Seeboden, Tel. 0 47 62/8 13 72, Restaurant geöffnet Do-Sa;

Höhepunkt der zweiten Etappe ist das einmalige Granattor auf der Millstätter Alpe – ein gut drei mal drei Meter großes Tor, bestehend aus Granatgestein mit einer Hülle aus erdfarbenem Metall.

Weitere Highlights des Höhensteigs führen uns unter anderem auf den »Sternenbalkon« in Gschriet, einem Ortsteil von Ferndorf. Dort befindet sich die originell gestaltete Aussichtsplattform aus Holz mit einer Glasfront. Die nächste Etappe bringt uns vorbei an mythisch-mystischen Orten wie dem »Baumheiligtum« (eine siebenstämmige Fichte, in deren Umgebung hoch konzentrierte Erdstrahlen gemessen wurden) bis direkt ins Paradies. Jedenfalls fast:

hinauf zum »Weltenberg« Mirnock nämlich in rund 2110 m Seehöhe. Den Weg zum Gipfel säumen zahlreiche Monolithen. Zuvor kann sich der Wanderer noch auf den so genannten »Mirnockmöbeln«, großen Holzbänken, ausruhen oder auf »Seeberührung« an einem kleinen Bergsee mit einladendem Holzsteg gehen.

Die achte Etappe startet in Lendorf und führt auf den Hühnersberg. Als ihr schönster Platz gilt der 3-Täler-Blick mit seinem dreiteiligen, auf Krastaler Marmor befestigten Riesenfernrohr aus Holz. Von hier reicht der Blick weit hinein ins Drautal und auf den Millstätter See.

Mit seinen vielen Abzweigungen zu kulturellen Einrichtungen und zahlreichen Einkehrmöglichkeiten entlang des Wegesrandes eignet sich der Millstätter Höhensteig – bei entsprechender Vorbereitung – für alle Konditions- und Altersklassen.

Granattor auf der Millstätter Alpe: »Feuerstein der Liebe« wird der Granat auch genannt.

KARTE ▶ AE/AF3/4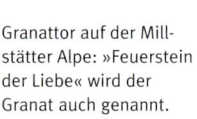

Gasthaus zur schönen Aussicht, Öttern 2, 9872 Millstatt, Tel. 0 47 66/26 23, Uschi und Franz Glabischnig. Verkostung von Spezialitäten wie »Harber Kas«

Web: www.millstaetter see.at, www.zurschoenen aussicht.at
Sonstiges: Die 87-seitige Broschüre »Der Millstätter See Höhensteig« informiert so ausführlich wie

präzise und ist kostenlos im Infobüro der Region erhältlich.
Infocenter Millstätter See, Thomas-Morgenstern-Platz 1, 9871 Seeboden, Tel. 0 47 66/3 70 00

Die Berührung von Kultur
und Natur auf engem Raum
verleiht der Landschaft,
wie hier am Millstätter See,
eleganten Charme.

Viel Programm für einen See

Außergewöhnlich abwechslungsreich ist die Vielfalt an Aktivitäten und Touren rund um den Millstätter See, der mit bis zu 150 m tiefste und wasserreichste aller Kärntner Seen. Die gegebenen Naturschönheiten liefern dazu die thematische Struktur. Unter dem Begriff »Bergberührungen« (s. auch Tour 2, S. 15) versteckt sich ein buntes und originelles Angebot für Ausflüge und Wanderungen. Um abwechslungsreiche Unterhaltung geht es zum Beispiel bei der Mühlen- und Kneippwanderung in der Nähe von Radenthein. Für Jugendstilliebhaber reizvoll ist zudem der Villen-Weg entlang des Nordufers mit zahlreichen Prunkbauten aus den Jahren 1870 bis 1910. Ein Kuriosum unter den nicht allzu weit vom Ufer entfernten Themenwanderungen ist die 1,5 km lange »Krebsenwandermeile«: Entlang des Weirerbachs in Fresach (Ostufer) kann der äußerst seltene und bis zu 15 cm große Steinkrebs, auch »Goldener Ritter« genannt, von Holzstegen bzw. einer Plattform aus in seiner natürlichen Umgebung beobachtet werden. Ein weiteres Highlight ist das Bonsai-Zentrum mit Teehaus in Seeboden oder der Golfplatz oberhalb von Millstatt – zum turnierbewährten 18-Loch-Platz mit Seeblick gehört ein öffentlich zugängliches Restaurant, ideal für Golf-Laien, die mal reinschnuppern wollen.

Über einen Steg aus kleinen Felssteinen er-

In Seeboden befindet sich eines der größten und ältesten Bonsaizentren Europas, mit ca. 3000 Pflanzen und über 120 verschiedenen Sorten.

KARTE ▶ AE/AF3/4

Was: Themenwanderungen und Golfen
Wo: Rund um den Millstätter See
Wann: ganzjährig
Essen & Trinken: Gasthof Brugger in 9872 Dellach Nr. 7, Tel. 0 47 66/25 06 Tipp: Bruggers Fischgröstl (Bratkartoffel mit fangfrischen Fischfilets); Restaurant Mettnitzer mit mediterranem Garten, Neuer Platz 17, 9800 Spittal a. d. Drau, Tel. 0 47 62/3 58 99; Villa Verdin, Seestraße 69, 9872 Millstatt, Tel. 06 99/ 12 18 10 93. Villen-Charme aus dem 19. Jh. mit schriller Note

Gut gebunkert: Golfen am Millstätter See verbindet Bewegung mit Natur.

reicht man am Südufer des Millstätter See eine Bank im Wasser – tatsächlich handelt es sich um eine halbierte Plexiglaskugel als besonders idyllischer, vom See umspülter Ruheplatz. Der Kunstbegriff »Seeberührung« will die beachtliche Anzahl kurzweiliger Urlaubsbeschäftigungen unter einen (Übersicht schaffenden) Hut bekommen, die »irgendwie« mit Wasser zu tun haben – tatsächlich sind die Möglichkeiten rund um den See bzw. im See von ebenso auffälliger wie beeindruckender Vielfalt. Von den 14 öffentlich zugänglichen Badeständen rund um den See sticht jener in Millstatt mit seinem 14 m hohen Sprungturm besonders ins Auge – im Jahr 1930 errichtet, steht er sogar unter Denkmalschutz (s. auch Tour 7, S. 23). Die windgeschützte und deshalb meist glatte Wasseroberfläche ist für Wassersport, etwa mit dem Wakeboard oder Surfbrett, bestens geeignet. Parasailing steht derzeit auch hoch im Kurs, so wie Tauchkurse für Kinder (ab 10 Jahre).

Web: www.millstaetter
see.at
Sonstiges: Millstätter See
Schifffahrt: Apr.–Okt.,
www.schifffahrt.at/
millstaettersee
Infocenter Millstätter See,

Thomas-Morgenstern-
Platz 1, 9871 Seeboden,
Tel. 0 47 66/3 70 00
Geocaching-Fans werden
auch am Millstatter See
fündig, www. millstaetter-
see.at, Tel. 0 47 66/3 70 00

Bonsai-Zentrum,
Schlossau 44,
9871 Seeboden,
Tel. 04762/81947,
www.bonsai.at

Romantik ist, wenn es romantisch ist: hier am Picknickplatz am Südufer ganz bestimmt.

»Buchtenwandern« und »Zeit zu zweit«

Aus eigener Kraft eine knappe halbe Stunde vom Nord- zum Südufer rudern – das tut dem Rücken gut und bringt ein besseres Körpergefühl als jeder Ausflug mit dem Motorboot. Es gibt sogar zwei verschiedene Ausflugsmöglichkeiten zur Auswahl – oder besser gesagt zum Ausprobieren: Jeden Dienstag und Donnerstag führt Gottlieb Strobl nach einer kurzen Erläuterung in die Rudertechnik bis zu zehn Boote mit je zwei Personen auf den See und erklärt unterwegs, was die Natur hier von Forellen und Libellen bis zu Kormoranen alles zu bieten hat. Sein Ziel sind lauschige Plätze entlang des 12 km langen Südufers, die

»Buchtenwanderung« dauert alles zusammen rund zwei Stunden.
Bei der Alternative »Zeit zu zweit« geht es noch idyllischer zu: Nach dem Start bei der Anlegestelle in Millstatt-Schillerpark und nach Übernahme des gekühlten Picknickkorbes (auf Wunsch mit Kärntner oder italienischer Jause) mitsamt Boot geht es zu zweit per Handantrieb ca. 20 Minuten über den See bis zu einem Picknickplatz am Südufer – ein kleiner Platz am Waldrand mit Anlegestelle, Sitzgelegenheit und beträchtlichem Romantik-Faktor. Alles Schöne muss allerdings auch ein Ende haben: Vor Anbruch der Dunkelheit ist Schluss.

KARTE ▶ AE/AF3/4   ≈

Was: Zwei Ausflüge mit dem Ruderboot: »Buchtenwanderung« und »Zeit zu zweit«
Wo: Südufer Millstätter See, Start: Anlegestelle Schillerpark in Millstatt

Wann: Mai–Sept., Di und Do 8 Uhr »Buchtenwanderung« ca. 2 Std., »Zeit zu zweit« ca. 3 Std.
Wie viel: »Buchtenwanderung« kostenlos, »Zeit zu zweit« inkl. Picknickkorb

für zwei 50 € (oder »Deluxe« um 75 € inkl. 3 Std. Boot)
Web: www.millstaettersee.at
Sonstiges: Infocenter Millstätter See (Adr. s. S. 21)

Radeln mit Schubkraft

Der 28 km lange »Seeradweg Millstätter See« verläuft direkt am Ufer entlang und hat so schon einen großen Vorteil: Heftige Steigungen kann es gar nicht geben. Wer bei einer der Movelo-Verleihstationen ein E-Bike mietet, der vergrößert seine persönliche Reichweite damit enorm – lässt die Beinarbeit nach und damit die Reisegeschwindigkeit, schaltet mit mildem Schub der Elektroantrieb zu. Die Batterie hält locker 40 km, bei neun Radverleih- und drei Akkuwechselstationen rund um den See sind auf diese Weise Tagesetappen von bis zu 80 km gar kein Problem. Wer sich mit dem Seeufer allein nicht begnügen will, der wählt die »Millstätter See Plateau-Tour«: Rund 300 m geht es da vom See zum Plateau – zumindest bergauf kann da die elektrische Unterstützung ganz hilfreich sein. Für beide Routen, Seeradweg und Plateau-Tour, sind ca. drei Stunden zu veranschlagen. Das speziell für den Fahrradtransport ausgerüstete Linienschiff »Peter Pan« verbindet die Anlegestellen (je eine pro Himmelsrichtung) und eignet sich damit zum bequemen, auch kurz entschlossenen Abkürzen.

Lohnende Aussicht: Wer die Radtour über den Plateauradweg nicht aus eigener Kraft bewältigt, versucht es mit einem E-Bike.

KARTE ▶ AE/AF3/4

Was: Radeln bzw. E-Biken rund um den See
Wo: neun Verleihstationen rund um den Millstätter See
Wann: Apr.–Okt.
Wie viel: E-Bikes zum Mieten halbtags 12 €, pro Tag 19 €
Web: www.millstaetter see.at
Sonstiges: Infocenter Millstätter See, 9871 Seeboden, Thomas-Morgenstern-Platz 1, Tel. 0 47 66/3 70 00; Radfähre Peter Pan: Millstätter See Schifffahrt, Apr.–Okt., www.schiff fahrt.at/millstaettersee

Hochkultur auf der Kulturhochburg

Das Benediktinerstift Millstatt war über Jahrhunderte hinweg geistiger und kultureller Mittelpunkt Kärntens. Bekannt sind vor allem die Musikwochen, die zwischen Mai und Oktober in klassischer und moderner Ausrichtung stattfinden. Im Stiftsmuseum kann die große Geschichte der Region nachvollzogen

Steinerne Zeugen der Zeit im Kreuzgang des Benediktinerstifts Millstatt.

werden – bis hin zum Magnesit-Abbau in jüngster Zeit. Das Museum beherbergt zudem Kunstwerke von der Romanik bis zum Hochbarock, etwa einen Reliquienschrein des heiligen Domitian aus dem 12. Jahrhundert. Wohl in der zweiten Hälfte

des 12. Jahrhunderts entstand die schön illustrierte »Millstätter Handschrift« – eine der bedeutendsten Sammelhandschriften der frühmittelhochdeutschen Literatur. Zu den größten noch erhaltenen Leinwandbildern des Alpenraums zählt das imposante »Millstätter Fastentuch« mit 42 Szenen aus dem Alten und Neuen Testament. Das Original ist zwischen Karfreitag und Aschermittwoch in der Stiftskirche zu sehen.

Benediktiner gibt es hier übrigens schon lange nicht mehr, dafür hat der St.-Georgs-Ritterorden im Millstätter Stift sein spirituelles Zentrum eingerichtet. Der romanische Kreuzgang beeindruckt mit seiner überreichen Tiersymbolik, die Kirche mit ihrer brillanten Tiroler Glasmalerei sowie dem Weltgerichts-Fresko. Im Stiftssaal organisiert die engagierte »Kulturinitiative Millstatt« gemeinsam mit den 20 rund um den See tätigen Künstlern zeitgenössische Ausstellungen am laufenden Band.

KARTE ▶ AE3

Was: Stiftsmuseum Millstatt
Wo: Stiftsgasse 1, 9872 Millstatt
Wann: Mai–Okt. tgl. 10–12 und 14–17 Uhr, Juli und Aug. bis 18 Uhr

Wie viel: Erwachsene ca. 3 €, Kinder ca. 1,50 €
Web: www.millstatt.at, www.stiftsmuseum.at
Sonstiges: In der Hochsaison jeden Freitag Sommerabende mit Kerzenlicht

und Musik bis 22 Uhr. Im Innenhof des Stiftes steht die »1000-jährige Linde« – eine tatsächlich »nur« 350 Jahre alte Gerichtslinde. Tourismusbüro im Rathaus, Tel. 0 47 66/20 23 36

Schule der nächtlichen Wahrnehmung

Der hier beschriebene rund einein-halbstündige inszenierte Altstadt-rundgang soll »als vergnüglich-pro-vokante Schule der Wahrnehmung aufgefasst werden«. Theatermacher Andreas Staudinger gibt seinen Hauptdarstellern nur »Locations« vor, über Art und Weise der Perfor-mance an den zwölf Stationen ent-scheiden diese selbst: Einer der Guides, ein Kunsthistoriker, erzählt beispielsweise bewusst völligen Un-sinn, bis die Zuhörer nervös werden. Ein anderer spielt den stummen Guide und macht auf Pantomime. Ein dritter erzählt so witzige Ge-schichten, dass die vor Lachen brüllende Gemeinschaft der rund 30 Teilnehmer im ganzen Ortszentrum zu hören ist. Man trifft sich einmal pro Woche bei der 1000-jährigen Linde im Innenhof des Stifts. Die Route abseits klassischer Touris-mus-Pfade führt zu Innenhöfen, Spielplätzen, auf den Minigolf-Platz und in private Gärten; auch zu Plät-zen, die sonst nicht so einfach be-sucht werden können – etwa das alte Kino, eine Jugendstil-Villa oder der Sprungturm im Strandbad. Licht und Ton sind stets dabei. Kurze Pro-ben aus Theater- und Musikstücken werden sogar von Booten im See aus dargeboten, und der eine oder andere »heimgesuchte« Einheimi-sche spielt gleich mit, weil sein Abend sowieso »hinüber« ist und es dann nach dem gemeinsamen Ein-kehrschwung beim Wirt vom Park-Schlössl unterhaltsam weitergeht.

Eine der Stationen des »Nightwalks« ist – neben der von Coop-Himmelblau entworfenen Villa Soravia – der Sprung-turm aus den 1930er-Jahren.

KARTE ▶ AE3

Was: Inszenierte Nacht-wanderungen
Wo: Zentrum Millstatt, In-nenhof des ehemaligen »Lindenhofs«, wie der In-nenhof des Benediktiner-stifts auch genannt wird

Wann: Di in der Hoch-saison, 20.45 Uhr, an der Abendkasse ab 20.15 Uhr
Wie viel: ca. 15 €, div. Ermäßigungen
Web: www.millstatt.at

Sonstiges: Vorbestellung, festes Schuhwerk und warme Kleidung empfeh-lenswert
Tourismusbüro im Rathaus, Tel. 0 47 66/ 20 23 36

Begegnung am Kap

An der Millstätter Seepromenade befindet sich eine auf Pfählen ruhende, beheizbare Glaspyramide. Ein guter Ort für eine Standbar mit einem verheißungsvollen Namen. »Kap 4613 – Pyramide und Feuerinsel im Millstätter See« bietet ein gelungenes Gesamtkonzept: Ausgedehnte Öffnungszeiten, ungezählte Kaffeevariationen und viel, häufig auch live dargebotene Musik machen den Besuch zum Genuss. Der Name »Kap 4613« verweist übrigens darauf, dass wir uns hier – so ungefähr – auf dem 46. Breiten- und 13. Längengrad befinden. Gemeinsam mit der Feuerinsel, einer direkt mit dem Kap verbundenen schwimmenden Holzinsel, verwandelt sich das Ganze auch zu einem Veranstaltungsort, wo zum Beispiel ein Christkindlmarkt stattfindet. Lustiger zu geht es beim »Dirndlspringen«, wenn sich kostümierte Spaßvögel in voller Bekleidung von einem extra gezimmerten Holzsprungturm ins Wasser stürzen – mitunter sogar auf dem Sattel eines Fahrrades.

Die rund 300 m² große Feuerinsel bietet Platz genug für Salsa-Abende mit Tanz-Vorführung, Rock-Konzerte oder schlicht für ein gemütliches Beisammensein rund um ein Lagerfeuer. Sonnenuntergänge kommen natürlich besonders gut »rüber«, und die Bezeichnung »Insel« ist schon deshalb berechtigt, weil ihr Boden mit einer weißen Sandschicht bedeckt ist und deshalb gerne barfuß betreten wird.

Kulinarisch wertvoll wird es beim »Feuerschalen-Dinner«, dann bereiten Köche regionale Spezialitäten mit viel Fisch oder mediterrane Menüs vor den Augen der Gäste zu.

Die mit dem Feuer spielen: geselliges Beisammensein auf der (Lager-)Feuer-Insel.

KARTE ▶ AE3

Was: Kap 4613 – Pyramide und Feuerinsel
Wo: Vor der Seepromenade Millstatt, Tel. 06 64/3 88 83 18
Wann: ganzjährig, Apr.–Okt. ab 10 bzw. 12 Uhr bis zum Abwinken, ca. 2 Uhr
Wie viel: Feuerschalen-Dinner ca. 25 €
Web: www.kaerntenkult.at
Sonstiges: »Dirndl-Flugtag« mit »Dirndlspringen« Anfang Sept.; Brunch Apr.–Okt. jeden Sonntag 10–13 Uhr; Übrigens: Zum »Brunchen« geht man am besten am späten Vormittag, wenn der See am schönsten glitzert.

Allein zu zweit auf dem See: Die Speisenfolge wird vorher abgesprochen.

»Dinner for two« mal ganz anders

Auf der nach oben offenen Roman-
tikskala rangiert das »Dinner for two
im Millstätter See« an einsamer
Spitze. Sollte es dabei doch einmal
zu Missstimmigkeiten kommen, so
kann das weder am Rahmen noch
am Programm liegen – höchstens
am falsch gewählten Partner oder an
der falschen Partnerin: Mond und
Sterne spiegeln sich im Wasser, mit
den Gipfeln des Nationalparks Hohe
Tauern als schwarzer, mystischer
Kulisse. Wellen schlagen sanft an
die holzgezimmerte, im See veran-
kerte Plattform, die Platz für zwei
Personen bietet. Der weiß gedeckte
Tisch reflektiert das Kerzenlicht in
weichem Gelb, wenn der Aperitif ge-
reicht wird. Aber vorher muss das
Paar mit dem Motorboot – möglichst
bei Sonnenuntergang – zum Ort des
Geschehens gebracht werden. Zuvor
hat es gemeinsam mit dem Küchen-
chef von »Koller's Hotel« die Speisenfolge festgelegt – dort ist die »or-
ganisatorische« Quelle. Der extrem
diskrete Kellner verlässt nach jedem
Gang die Insel, um mit Getränken
bzw. mit der nächsten Runde (nach
Absprache) wieder zurückzukehren.
Wegen übermäßiger Nachfrage hat
sich inzwischen auch ein zweiter
Gastgeber ein ähnliches Modell aus-
gedacht – die »Forelle« in Millstatt
serviert das Dinner auf dem Boots-
deck vor dem Hotel.

KARTE ▶ AE3

Was: Gourmet-Dinner mit
»Seeberührung«
Wo: »Koller's Hotel«, Seepromenade 2–4, 9871 See-
boden, Tel. 04762/81500,
www.kollers.at;
»Die Forelle«, Fischer-
gasse 65, 9872 Millstatt,
Tel. 04766/2050,
www.hotel-forelle.at
Wann: Juni–Aug.
Wie viel: 160 € pro Person
für Boots-Transfer, Aperitif,
7-gängiges Gala-Dinner
mit Fisch und Fleisch
(Koller's)
Web: www.kollers.at,
www.hotel-forelle.at
Sonstiges: Anmeldung
unbedingt erforderlich

Wenn es Bernstein wäre, wäre es das Bernsteinzimmer. Hier aber geht's um Granat.

Im (Edel-)Stein liegt die Kraft

Schon Noah soll seine Arche mithilfe dieses zumeist rubinroten Edelsteins mit der besonders starken Lichtbrechung in die richtige Richtung geleitet haben, für Römer und Griechen war er ein Inbegriff mystischer Kraft. Ursprünglich hieß er Karfunkel (von lateinisch carbunculus: »kleine Kohle«), erst der deutsche Theologe, Philosoph und Naturforscher Albertus Magnus (um 1200–1280) gab dem Stein den bis heute gebräuchlichen Namen »Granat«. Dessen Hauptvorkommen in Europa wurden stets in den Nockbergen rund um Millstatt abgebaut.

Zu Ehren des edlen Steins eröffnete man im Jahr 2008 das »Granatium Radenthein« – mit einem unterirdischen See und der einzigen begehbaren Granatader Europas. Höhepunkt der Ausstellung mit eigenem Stollen ist das noch im Ausbau befindliche Granatzimmer: Ähnlich wie im berühmten Bernsteinzimmer werden Wände mit durchscheinenden Granattafeln ausgekleidet. Nach Durchquerung des Hauptstollens dürfen im Schürfgelände die gut getarnten Edelsteine mit Pickel und Schutzbrille eigenhändig aus dem Felsen gehauen werden – auch ohne wesentliche Beute zumindest eine gesunde Tätigkeit in frischer Luft. Ausreichend große Fundstücke werden danach von einem Profi-Schleifer gleich an Ort und Stelle in einen vorzeigbaren Zustand gebracht.

KARTE ▶ AF3

Was: Granatium – familienfreundliche Erlebniswelt rund um Granat-Edelsteine
Wo: Radenthein, Klammweg 10, 9545 Radenthein, Tel. 0 42 46/2 91 35
Wann: Mitte Apr.–Okt. tgl.
10–18, 28. Nov.–23. Dez. Mi–Sa 10–17, 27. Dez.–7. Jan. 10–17 Uhr, 31. Dez.–2. Jan. sowie 9. Jan–17. Apr. geschl.
Wie viel: Eintritt ca. 10 €, Kinder 5 €
Web: www.granatium.at
Sonstiges: Ausrüstung zum Leihen, Granate schleifen möglich. Im Freigelände führen Seilstege und Brücken über den Kaninger Bach.

»I steh' drauf«

Die Bezirksstadt Spittal liegt an der Drau – am größten Fluss Kärntens. Sie ist Mitglied der Vereinigung »Kleine Historische Städte in Österreich«, und das Schloss Porcia ist ihr geschichtlicher Mittelpunkt. Das im Auftrag Gabriels von Salamanca (Generalschatzmeister und Hofkanzler unter Erzherzog Ferdinand von Österreich) von italienischen Meistern in fast 70-jähriger Bauzeit geschaffene architektonische Gesamtkunstwerk – Schloss, Burg und Palazzo – zählt zu den wichtigsten Renaissance-Bauten außerhalb Italiens. Neueste Attraktion des lange auch den Fürsten von Porcia als Residenz dienenden Schlosses ist ein begehbares Panorama (Karte im Museum für Volkskultur erhältlich). Passender Name: »I steh' drauf«. Dafür wurde das Land Kärnten auf der Basis einer Luftaufnahme im Maßstab 1:10000 auf 200 m² Fläche topografisch umgesetzt. Als Betrachter hat man das Gefühl, über dem Land zu schweben, wenn man mit Filzpantoffeln und Standlupe bewaffnet »seine« Lieblingsecken erkundet. Rund um das Panorama sind Fernrohre, Wasser-Hörspiele und diverse Aktions-Tools angeordnet. Die Spittaler Kulturmacher lassen sich viel einfallen – im Rahmen der Komödienspiele im Juli und August etwa Kurse zu Themen wie »Das leichte Lachen«: Dabei beweisen Ensemble-Mitglieder den Kursteilnehmern, dass Lachen unabhängig vom Alter erlernbar ist – wenn man es nur ernst genug nimmt. Damit nicht genug, bietet das Museum für Volkskultur im zweiten und dritten Stock zum Beispiel mit Maschinen aus Holz und einer voll ausgestatteten Rauchkuchl Einblicke in die bäuerliche Alltagskultur früherer Jahrhunderte.

Schloss Porcia: Idealer Rahmen für sommerliche Komödien-Inszenierungen.

KARTE ▶ AE3

Was: »Erlebnis-Schloss« Porcia, mit begehbarem Kärnten-Panorama, Volkskulturmuseum und dreigeschossigem Arkadenhof für kulturelle Veranstaltungen

Wo: Schloss Porcia, Burgplatz 1, 9800 Spittal a. d. Drau, Tel. 0 47 62/ 28 90
Wann: Mitte Apr.–Mitte Okt. 9–18 Uhr, übrige Zeit Mo–Do 13–16 Uhr

Wie viel: Besichtigung kostenlos, Eintritt Museum ca. 7 €, Kinder 3,50 €
Web: www.spittal-drau.at
Sonstiges: Besuchern wird Lageplan als Orientierungshilfe ausgehändigt.

Aussichtsloge: Alle paar Jahre wird die Ruine Ortenburg szenischer Mittelpunkt einer großen internationalen Mittelalterveranstaltung.

Der Berg ruft – das ganze Jahr

Den Hausberg von Spittal erschließt eine zweiteilige Gondelbahn in rund 15 Minuten, auf der knapp 15 km langen Goldeck-Panoramastraße dauert es ein bisschen länger. Mit seinen 2142 m Seehöhe ist das Goldeck der ideale Sportplatz das ganze Jahr über. Vor seiner »Karriere« als Sportberg wurde hier bis zum 19. Jahrhundert Gold abgebaut. Vom Gipfel aus kann man

sogar den Großglockner sehen, Österreichs höchsten Berg. Bester Startpunkt für Wanderer ist die Mittelstation der Bahn – denn die ist schon 1640 m hoch und nicht mehr allzu weit von der bewirtschafteten Krendlmar-Alm entfernt. Wer gut zu Fuß ist, der wandert noch rund 7 km vorbei an der Goldeck-Hütte und erreicht nach seiner »Bezwingung« des Goldeck-Gipfels die Gondel-Bergstation zum bequemen Abfahren.

Von der Mittelstation der Goldeckbahn führt auch ein Weg nach Baldramsdorf, (zugleich Etappe sechs und sieben des Millstätter Höhensteiges, s. Tour 2, Seite 15), vorbei an dem Fluggelände für Drachenflieger und Paragleiter sowie an der Ortenburg. Die Burgruine war einst Sitz des einflussreichen Geschlechts der Grafen von Ortenburg und kann über eine Brücke vom Hügel der »Marhube« – dem ehemaligen Haus des Burgverwalters – erreicht werden. Betreten ist derzeit nicht möglich.

KARTE ▶ AE4

| Was: »Sportberg Goldeck«: Im Winter »Ski und Rodel gut«, u. a. auf der längsten schwarz markierten Abfahrt der Alpen. Im Sommer »Wandern und genießen«. | Wo: Goldeck Bergbahnen GmbH, Zur Seilbahn 10, 9800 Spittal a. d. Drau, Tel. 0 47 62/28 64 Wann: Juni–Sept. tgl. 9–17 Uhr Wie viel: Gondelfahrt | (ganz hinauf, ganz herunter) Erwachsene ca. 17 €, Kinder 9 € Web: www.goldeck-spittal.at Sonstiges: Tageskarte Skigebiet für 32 € |

Von Hexen, Riesen und »Anderswelten«

Wissen Sie eigentlich, weshalb in Kärnten auch im Hochsommer die Wiesen und Felder grün sind und nicht grau-braun? Weil es ab und zu regnet? – Richtig! Deshalb gibt es hier auch zahlreiche »Regenbogen-Einrichtungen« zur Bekämpfung der allseits gefürchteten Schlechtwetter-Laune. »Sagamundo« ist ein gutes Beispiel – es liegt im Zentrum von Döbriach. Bei der Darstellung von Sagen, Märchen und Mystischem aus der Alpen-Adria-Region kommen die Besucher der »Unterwelt«, der »Erdebene« und des »Himmelsgartens« aus dem Staunen nicht mehr heraus. Das Jahr 2012 spielt dabei eine wichtige Rolle, weil sich diverse Forscher ganz sicher sind, dass es dann einen »revolutionären Bewusstseinssprung« geben wird. Genaueres soll hier nicht verraten werden – aber der Film im hauseigenen Kino gibt weiter-

führende Hinweise. Das Gleiche macht auch die Hexe »SeelaMill«, die hauptberuflich auf dem Millstätter See als Schwan unterwegs ist, hier aber Führungen durch die »Anderswelt« organisiert. Die aus Multimedia-Installationen bestehende magische Fantasiewelt wird durch sogenannte Kreativräume zum Selberbasteln erweitert. Sie haben durchgehend »interaktiven« Zugang, damit alle Besucher mitmachen können, sogar Kinder (ab 3 Jahre). In einem Teil des angeschlossenen Parks begegnet man Wurzel-Skulpturen, die eindeutig menschliche Züge erkennen lassen. Dort ist auch der recht gesprächige, gut verkleidete »Riese vom Mirnock« anzutreffen.

Im »Himmelsgarten« erfährt man mehr über die Sage des Riesen vom Mirnock.

KARTE ▶ AF4

Was: Märchen, Basteln, Eintauchen in das »Tor zur Anderswelt«
Wo: Sagamundo, Haus des Erzählens, 9873 Döbriach, Hauptplatz 8, Tel. 0 42 46/7 66 66

Wann: Mai–Okt. tgl. 10–18 Uhr
Wie viel: »Familienkarte« 17 €, Erwachsene ca. 8 €, Kinder ca. 4 €
Web: www.sagamundo.at
Sonstiges: Für Sonderver-

anstaltungen (siehe website) wird Voranmeldung empfohlen. Bis 2012 ist Sagamundo eine »informative Erlebnisplattform« für das emotionalisierende Thema Zeitenwende.

Schöner werden durch Moor

Schlammtreten im Feuchtbiotop Mooswald (gehört zur Gemeinde Fresach) mag ja noch als Themenwanderweg durchgehen – aber die Gesichts- und Halspackungen mit Moorschlamm dienen eindeutig der Verschönerung. Beim Stanahof, einem 200 Jahre alten Bauernhof, beginnt der für alle Altersklassen geeignete, etwa eine Dreiviertelstunde dauernde Moorwanderweg. Über Wald- und Wiesenwege, kleine Brücken und Moospolster wird der Moorbadeplatz erreicht. »Baden« heißt hier nicht schwimmen, sondern »moorbaden«. Genauer: zielgerichtetes Beschmieren verschönerungswürdiger Körperpartien. Beim Wassertreten im Barfußbach oder beim Meditieren auf dem »Atem-Bankerl« kann man die Seele baumeln lassen und dabei Frösche, Libellen, Wasserläufer und Eidechsen beobachten. Kinder zieht eher das »Bärenhaus« an – eine Hütte voller Teddybären, nur ein paar Minuten vom Moor-

> Für die Kärntner Landesausstellung von Mai bis Oktober 2011 in Fresach »Glaubwürdig bleiben – 500 Jahre protestantische Abenteuer« wurde ein modernes Veranstaltungszentrum mit Diözesan-Museum errichtet. Interessantes Programm auch nach dem Oktober 2011 (www.landesausstellung011.at).

badeplatz entfernt. Auch der Spielplatz »Farbenfroh« mit dem riesigen Holzauto ist recht beliebt. Sogar Hirschböcke nehmen im Moorwasser ab und zu ein Bad und lassen sich von fundamentalistischen Wellness-Freaks mit schwarzen Gesichtern nicht wirklich beeindrucken. Wer aber nicht nur im Moor wandern will, für den lohnt sich ein Besuch des ca. 8 km nördlich von Fresach gelegenen Freizeitparks Moser. Auf der 600 m langen Gokart-Bahn erreichen Kids ab zwölf Jahren aufwärts bis zu 60 km/h auf ihrem 9,5 PS starken Gefährt. Fünf- bis Zwölfjährige können mit 2,5 PS starken Karts (unter Aufsicht) ihre Runden drehen. Im 5000 m² großen, unwegsamen Paintball-Gelände gleich daneben gibt es Feuergefechte mit Farbkugeln aus abwaschbarer Gelatine. Und auf dem einzigen permanenten Motocross-Gelände in Kärnten macht auch das Zuschauen viel Spaß.

KARTE ▶ AF4

Was: Moorwandern (und -baden) à la Kneipp
Wo: Stanahof, Mooswald 20, 9712 Fresach, Tel. 0 42 45/47 13
Wann: Mai–Okt.
Web: www.stanahof.at

Sonstiges: Urlaub am Bauernhof auf 900 m Seehöhe, Buschenschank mit Sonnenterrasse, Streichelzoo. Ab Stanahof kann man auch geführte Wanderungen unternehmen.

Freizeitpark Fresach, Familie Moser, Mitterberg 24, 9712 Fresach, Tel. 0 42 45/24 25; Gokart 10 min 10–13 €; Paintball 60 min 25 € inkl. 200 Schuss Munition.

LANDHOTEL MOERISCH **** Superior

Tangern 2
9871 Seeboden
T 0043(0)4762/81372
F 0043(0)4762/81372-8
info@moerisch.at
www.moerisch.at

Sinnlich und romantisch. Absolute Ruhelage am Sonnenplateau des Millstätter Sees, direkt am Golfplatz. SPA mit verschiedenen Saunen, Innen-/Aussenpool & Aussen-Whirlpool. Beautyabteilung. Österreichisch-Mediterrane Köstlichkeiten aus der Haubenküche. Ein Hideaway für Genießer - Sommer, wie Winter. Herzlich Willkommen.

ROMANTIKHOTEL SEEFISCHER **** Superior

Fischerweg 1
9873 Döbriach
T 0043(0)4246/7712
F 0043(0)4246/7093
hotel@seefischer.at
www.seefischer.at

Unser Romantikhotel liegt in idyllischer Einzellage in einer ruhigen Bucht am Millstätter See und erwartet Sie mit Zimmern im Landhausstil, einem Romantikstrand, einen Yachthafen und einem Vitalzentrum mit Fischersauna im See, Pool- & Saunalandschaft, wohltuenden Beautybehandlungen sowie kulinarischen Genüssen mit mediterranem Einfluss in Gourmetqualität. Highlights: Romantikurlaub oder Hochzeiten am Seeufer.

DRAUTALPERLE

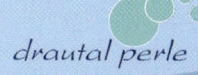

Am Bahndamm 14
9800 Spittal an der Drau
T 0043(0)4762/5650-310
F 0043(0)4762/5650-330

www.drautalperle.at

Wunderbare Badefreuden – auch wenn es draußen einmal regnet! Badevergnügen pur in modernster Architektur: Sportbecken, Trainingsbecken, Kinder-/Kleinkinderspielbereich und die 65m lange Wasserrutsche bieten rasante Action und Spaß. Aber auch das Sauna-/Wellness-Areal und die gemütliche Gastronomie laden zum Genießen und Schlemmen ein.

Auf zu hoch gelegenen Ufern

Der Weissensee liegt auf 930 m Seehöhe in einem Ost-West-Sonnenhochtal. Bei bis zu 25 Grad Wassertemperatur kann man dort, anders als in einem norwegischen Fjord, im Sommer auch baden. Zudem bietet die rund 6,5 km^2 große Gletschermulde Fischern ergiebige Jagdgründe. Das Ufer ist zu zwei Dritteln unverbaut; deutlich über 90 % der Gemeindefläche sind als Landschafts- und Naturschutzgebiet ausgewiesen. Jeder Vermieter bietet einen kostenlosen Zugang zum Seeufer und den Hausgästen so die Garantie, nie mehr als fünf Minuten vom Wasserspaß entfernt zu sein. Seit 2006 schmückt sich der Weissensee mit dem staatlichen Prädikat »Naturparkgemeinde«; zuvor wurde ihm der »EU-Preis für Tourismus und Umwelt« verliehen. Ende November friert der See verlässlich zu – ein Traum für Eisläufer, Eishockey-Spieler, Eisstock-Schützen. Mehrere Nordic-Walking-Strecken sind dann als Loipen präpariert. Abfahrtsskifahrer finden ihre Pisten auf der Naggler Alm. Ein dichtes Skibus-Netz stellt die Verbindung zum Wintersport-Angebot auf dem Nassfeld her.

Im »hohen Norden«: Die Optik des Weissensees erinnert an norwegische Fjorde.

KARTE ▶ AD4

Was: Naturschutzgebiet – Schwimmen, Wassersport
Wo: Weissensee
Wann: Juni–Sept.
Essen & Trinken: Drei Hauben-Restaurants rund um den Weissensee –

Weissenseerhof, Die Forelle, Zimmermann
Web: www.weissensee.com
Sonstiges: An sechs ausgewählten Kraftplätzen rund um den See und auf hoher Höh' stehen bzw.

hängen Liegen aus Lärchenholz als Weiterentwicklung der guten alten Aussichtsbank.
Weissensee Information, 9762 Weissensee, Techendorf 78, Tel. 0 47 13/22 20-0

Rinderlende auf der Floßlände? – Nein, zu Tisch gibt's bevorzugt Fisch.

Haubenkoch auf schwankenden Planken

Was macht ein findiger Bürgermeister, wenn auf dem See in seinem Ortsgebiet privates Motorbootfahren »eigentlich« verboten ist? Er baut ein riesiges Floß und lädt aktive Gäste zum Essen und Trinken ein. »Aktiv« heißt in diesem Fall: Mit irgendeinem Gerät vom Ruderboot bis zum Surfbrett am Floß anlegen oder einfach hinschwimmen – und danach genießen. Das nennt man hier »Genuss-Flößen«. Bürgermeister Johann Weichsler bedient den Hilfsmotor, wenn es nicht anders geht – denn eigentlich handelt es sich ja um ein »Linien-Schiff«. Bei diversen Terminen zwischen Juni und September (je nach Witterung) ist stets ein Haubenkoch mit an Bord, davon gibt es vier rund um den See. Gegrillt werden vor allem Renken, Saiblinge und Seeforellen. Die Getränke inklusive Aperitif sind gut gekühlt, und das Ganze ist kostenlos! Als Draufgabe erzählt der Bürgermeister, was es Neues gibt auf seinem Territorium. Aber Vorsicht: Wer zu spät kommt, für den ist das Floß vielleicht »wegen Überfüllung geschlossen«.

KARTE ▶ AD4

Was: »Genuss-Flößen«: See-Picknick auf schwimmendem Floss
Wo: auf dem Weissensee
Wann: Juni–Sept.
Web: www.weissensee.com
Sonstiges: Eine ungewöhnliche Fortbewegungsart ist der »Segway«, eine Art elektrischer Tretroller für Erwachsene); 1,5 Std. geführte Tour für 38 € ab »Moving Point« an der Bergbahn-Talstation.

Näheres inkl. Buchung:
Tel. 06 64/1 31 55 33
Weissensee Information,
9762 Weissensee,
Techendorf 78,
Tel. 0 47 13/22 20-0

Sei fit – mach mit!

»Bewegung am Puls der Zeit« lautet das Motto im Naturpark Weissensee, einer aus dem Zusammenwirken von Mensch und Natur entstandenen Modellregion für die nachhaltige Entwicklung eines Landschaftsraums – ideal für naturverbundene Aktivitäten aller Art. Allein 9 Nordic-Walking-Trails sowie 12 Lauf-Parcours mit zusammen über 120 km Länge laden dazu ein. In den drei Nordic-Walking-Zentren »Nord«, »Süd« und »Naggler Alm« stehen zudem professionelle Instruktoren bereit. Sie führen in die Technik ein, geben Tipps und führen Dehnungs- und Kräftigungsübungen vor – kostenlos. Gleiches gilt für die Lauftreffs. Individualisten können sich auf diversen Infotafeln am Wegesrand ausreichend informieren: Höhenprofile, Standort, Längen und Wegbeschaffenheit sind genauso vermerkt wie klassische Übungen zum Aufwärmen oder Pulsfrequenz-Richtlinien. Am Anfang und Ende jeder Strecke lädt ein Dehnbalken zum Stretching ein. Den besten Weitblick bietet der

KARTE ► AD4

Was: Fitness im Naturpark, Nordic Walking & Laufen
Wo: am Weissensee
Wann: ganzjährig
Web: www.weissensee. com/de/sommerurlaub/ index.html

Sonstiges: Anmeldung in der Hochsaison empfehlenswert! Unter der angegebenen Web-Adresse kann man sich auch eine Broschüre mit Karte als PDF herunterladen. Im Winter Eislauf, Langlaufen, 40 km geräumte Wanderwege, Nordic Walking. Weissensee Information, 9762 Weissensee, Techendorf 78, Tel. 0 47 13/22 20-0

einfache »Naggler Alm Rundweg« (Nr. 9). Etwa 3 km lang, führt der Trail leicht bergauf. Verknüpfen lässt er sich mit der Nr. 8 – mit beträchtlichen 385 Höhenmetern deutlich schwieriger. Immer gut: Trail Nr. 1, genannt »Praditz«, 4,7 km lang und mit 95 Höhenmetern auf einer Promenade und durch den Wald verlaufend.

Bester Treffpunkt für alle Neulinge und Neugierige ist die Weissensee-Information in Techendorf, weil dort jeden Montag um 16 Uhr die Grundschulung für Anfänger stattfindet. Fortgeschrittene Nordic-Walker machen sich jeweils am Donnerstag um 16 Uhr (im Sommer um 17 Uhr) mit Profi-Tipps vertraut. Für Jogger steht dort Fitness-Trainer Wolfgang jeden Mittwoch um 15 Uhr (Sommer Dienstag 10 Uhr) zur Verfügung – Mai bis September –, eine Anmeldung ist hier nicht notwendig.

Im Naturpark Weissensee gibt es überall etwas zu entdecken.

Klein-Acapulco für Jedermann

Zwei Meter, das schaffen alle: Nach der Fahrt mit dem Linienschiff bis zur Station »Kleine Steinwand« (so klein ist die aus der Nähe betrachtet allerdings gar nicht) erreicht man zunächst die Absprungstelle Nr. 1 – die mit der geringsten Höhe. Zum Probieren gar nicht schlecht. Zuvor werden die Acapulco-Neulinge in Neoprenanzüge gesteckt – feste Turnschuhe sollte man selbst dabei haben. Fit & Fun – Guide Peter erklärt die Tricks: welche Muskeln im freien Flug wichtig sind, wo die Hände hingehören und was eine Mehlsack-Landung ist. Mit der richtigen Körperspannung schaffen selbst Anfänger Höhen bis zu 10 m, mit den Beinen voran. Von »Arschbomben« aus dieser Höhe wird generell abgeraten. Ein knappes Dutzend Absprungstellen gibt es hier – jene bei 21 m ist geübten Profis vorbehalten. Aber man kann ja auch diesen Punkt zumindest einmal ganz unverbindlich in Augenschein nehmen: Der bloße Anblick, wie Sportlehrer Peter diese Höhe »bewältigt«, verursacht bereits Nervenkitzel genug. Schon nach wenigen Minuten tauchen Zuschauer mit ihren Booten auf, um die Show zu beobachten. Ob sie ahnen, wie gefährlich schon ein Sprung aus drei Metern Höhe sein kann – wenn man selbst ins Wasser springen soll? Oben und unten ist eben zweierlei – und so mancher wird oben erst mal recht kleinlaut. Betreuer der Sportschule »lauern« sicherheitshalber auf Surfbrettern im Wasser, falls einmal ein Sprung daneben gehen sollte. Die ganze Aktion dauert zweieinhalb Stunden.

> Der »Mega-Dive« ist zwar rund 40 km weg von Klein-Acapulco, gehört aber noch zur Region »Weissensee«: Dort rast man im Trapez-Gurt einer dreisitzigen Schaukel von der knapp 70 m hohen Brücke über der Schlucht an Stahlseilen mit mehr als 100 km/h herunter und unter der Brücke durch, Beschleunigung von null auf 100 km/h: unter 5 sec. Anmeldung unter Tel. 0676/5049169, www.fitundfun-out door.com.

An der Kleinen Steinwand am Weissensee geht es nicht um Stilfragen: Hauptsache, man springt.

KARTE ▶ AD4   ≈

Was: Klippenspringen
Wo: 9762 Weissensee, Kleine Steinwand (Station der Linienschifffahrt); Fit & Fun Outdoor, 9654 St. Lorenzen 13, Tel. 0 47 16/5 97

Wann: Juni–Sept. Di 13 Uhr, Sondertermine ab 5 Pers.
Wie viel: 20 €
Web: www.fitundfun-outdoor.com
Sonstiges: Canyoning Schluchting mit River-sauna – z. B. Vorderberger Klamm/Mauthner Klamm; Edelsteinschürfen: 9654 St. Lorenzen, Lesachtal; Goldwaschen: Goldcamp Obergailtal

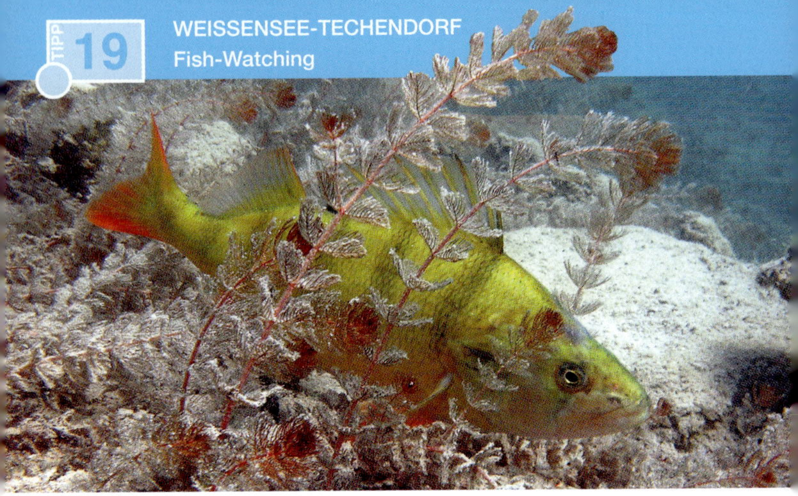

Faszination Unterwasserwelt: Im Weissensee kommen die Taucher den Fischen ganz nah.

20 000 Meilen unter dem Meer

Gut, ganz so tief ist der Weissensee jetzt auch wieder nicht. 99 Meter, genau genommen, an seiner tiefsten Stelle. Und wie der Name schon sagt, handelt es sich nicht um ein Meer, sondern um einen See. Den reinsten See der Alpen sogar: So rein soll ein Meer erst mal sein! Tauchen aber kann man hier wie dort – folgen wir also den Profis der zertifizierten Tauchschule Yachtdiver Weissensee auf geführte Touren unter die Wasseroberfläche. Nachdem uns der Umgang mit Taucherbrille und Sauerstoff erklärt wurde, nach einem Sicherheitstraining und praktischen Übungen im Hallenbad, macht sich die Gruppe von maximal vier Teilnehmern zur Schotterbank am Südufer auf. Bei Sichtweiten von zumeist 15 m wird die Fährte aufgenommen. Die »Beute« – Hecht, Barsch oder Forelle – versteckt sich mitunter in einer Unterwasser-Lawine, die riesige Felsbrocken mitgerissen hat, oder hinter einem 26 m hohen Algen-Vorhang, ist aber generell eher neugierig als scheu. Die Bedingungen für Taucher aller Leistungsklassen sind hier deshalb so besonders gut, weil es keine Schwebstoffe im Wasser gibt und auch keine Strömung – der Weissensee wird von unterirdischen Quellen gespeist.

KARTE ▶ AD4

Was: Tauchen (ein Tauchgang dauert 30 bis 60 min.)
Wo: Dive Center Yachtdiver Weissensee, Ernest Turnschek, 9762 Weissensee-Techendorf (gegenüber Raiffeisenbank), Tel. 06 64/4 60 40 80
Wann: Juni–Sept.
Wie viel: ca. 80 €
Web: www.yachtdiver.at
Sonstiges: Der Limnologe (Ökologie-Experte für Binnengewässer) Martin Müller bringt die »Fish-Watcher« zu Laichplätzen am See und erläutert danach in seiner Fischerhütte, wie man mit Fischen umgehen sollte – inkl. Verkostung.

Hier kommt der Fisch auf die Alm

An dieser Wanderung geht kein Weg vorbei: Von Techendorf über die Naggler Alm und Kohlrösl-Hütte hinauf zum Gipfel des Golz (2004 m) und dann hinunter zur Bodenalm in Richtung Hermagor, wo es frischen Almkäse gibt. Danach die Abkürzung über die Tschisch-Alm nehmen und bis zur Schiffsstation »Paterzipfel« absteigen – grob geschätzt sind das sechs Stunden reine Wanderzeit (der erste Abschnitt kann auch mit der Vierer-Sesselbahn überbrückt werden). Die Wanderung geht natürlich auch »umgekehrt«. Aus jeder Richtung ist Hüttenwirtin Almut Knaller der gesellige Mittelpunkt: mit Aktionen wie »der Fisch kommt auf die Alm«, Jazz-Brunch oder Lifemusik bei Vollmond. Ihre »Halterwurst« ist nur hier erhältlich. Generell achtet man in der Naggler-Alm-Küche auf echte Bioqualität, zum Beispiel beim Schwarzbeer-Schmarrn mit Limo aus Wiesensalbei-Sirup. Die Kohlrösl-Hütte eineinhalb Stunden weiter liegt 1534 m hoch und ist noch zwei Stunden vom Gipfel entfernt. Der Weg lohnt sich wegen der traumhaften Rundumsicht am smaragdgrün schillernden Weissensee.

Übrigens: Mountainbikes können an der Sesselbahn mitgenommen werden, gleich neben der Bergstation gibt's einen Parcours zum Trainieren. Jeden Freitag erhalten Einsteiger hier oder unten am See Instruktionen von einem »personal bike guide«. Die sind kostenlos – es empfiehlt sich aber eine vorherige Anmeldung.

Haben gut lachen: Hüttenwirtin Almut Knallers Gäste auf der Naggler Alm.

KARTE ▶ AD4

Was: Wanderung zum Golz (2004 m), Mountainbike-Parcours
Wo: Weissensee Bergbahn (Talstation), 9762 Weissensee-Techendorf, Tel. 0 47 13/22 69

Wann: Juni–Sept. je nach Witterung
Essen & Trinken: Naggler Alm, Tel. 06 99/10 36 10 00, Anfang Mai–Ende Okt., www.naggleralmut.at

Web: www.weissensee-bergbahn.at
Sonstiges: Weissensee Information, 9762 Weissensee, Techendorf 78, Tel. 0 47 13/22 20-0

Prachtexemplar: Luchse bevorzugen die Sonnenseite der Berge – sie mögen es warm.

Wo sich Luchs und Bär guten Tag sagen

Im Gebirge oberhalb vom Weissensee kann man inzwischen wieder auf Bären treffen. Meist kommen sie »zu Besuch« aus Slowenien. Sehen wird man die scheuen Tiere während des Tages äußerst selten. Immerhin: Bei den eintägigen »Lebensraum-Begehungen« mit dem Wildtier-Verhaltensforscher Hans Peter Sorger und seiner Assistentin Manuela Siller in den Gailtaler Alpen rund um den Weissensee kreuzen die jeweils fünf Teilnehmer zweimal einen Bären-Wechsel mit Fressspuren und kommen damit den Raubtieren schon um einiges näher.

Luchse sind hier schon öfter zu sehen – am ehesten auf der Sonnenseite der Berge, weil sie es gerne warm mögen. Beim Vogelzug im Herbst können Tausende Bussarde beobachtet werden – Profi-Ferngläser mit 60-facher Vergrößerung helfen dabei. Bei einer solchen Wanderung kann man vieles lernen, etwa über die keimtötende Wirkung von Baumharzen für allerlei Kleingetier. Selbst Ameisenhaufen bergen Überraschungen: Sie weisen ihre größte Nest-Ausdehnung immer Richtung Süden auf – so helfen sie dem Menschen, sich nach Himmelsrichtungen zu orientieren. Die Gäste werden zur Wildbeobachtung von ihren Quartieren abgeholt und mit geländegängigen Fahrzeugen bis zu 20 km in die »Wildnis« entführt – von dort wird dann losgewandert.

KARTE ▶ AD/AE4

Was: Wildbeobachtung
Wo: Gailtaler Alpen oberhalb vom Weissensee über Verein »Respect to Wildlife«
Wann: Juni–Sept. je nach Witterung

Wie viel: 11 Std. Tour inkl. Transfers 50 €
Essen & Trinken: Einkehrmöglichkeiten für eine »artgerechte« Jause gibt es unterwegs in ausreichendem Maße

Web: www.respect-to-wildlife.at
Sonstiges: Für Kinder nicht geeignet. Weissensee Information, 9762 Weissensee, Techendorf 78, Tel. 0 47 13/22 20-0

Kulinarische Festtage für Gourmets

Nach dieser kulinarischen Rundreise wissen Sie, was die Einheimischen am liebsten essen und wieso. In den Hauptrollen: Gailtaler Speck und Gailtaler Almkäse (beide lokalen Spezialitäten tragen ihren Namen als EU-geschützte Ursprungsbezeichnung). Für den mildwürzigen Speck mit rotem Fleisch und schneeweißem Fett werden nur Tiere aus der Region verwendet, sie wachsen langsamer als ihre Artgenossen und bekommen keinerlei »Futterzusätze«. Eine der vielen Verkostungsstationen – und Obmann des Vereins »Gailtaler Speck« – ist Albert Jank in Götzing bei Egg. Der Käse wird auf 14 Almen hergestellt, nach genauen Regeln – vom Melken bis zum Anschnitt. Die Lesachtaler Brotspezialitäten passen bestens dazu – beim sommerlichen Schau-Backen der Liesinger Bäuerinnen oder

Vorfreude ist doch die schönste Freude – auch die vor dem nächsten Happen.

beim jährlichen »Brotfest« im September kann man sich Appetit holen. Für Honigliebhaber findet zuvor schon im August ein zweitägiges »Honigfest« mit rund 15 000 Besuchern statt. Auch Speisen aus Maismehl, Polenta zum Beispiel, kommen in Hermagor und Umgebung recht häufig auf den Tisch, weil das Klima für den Anbau optimal ist und ebenfalls ein Fest zum Thema geboten wird (»Polentafest« Anfang Oktober).

KARTE ▶ AD/AE5

Was: Kulinarische Rundreise
Wo: Hermagor, Umgebung
Wann: ganzjährig
Web: www.hermagor, naturarena.com, www.hermagor.info

Sonstiges: Nicht entgehen lassen sollte man sich bei Familie Baumann in Hermagor den Gailtaler Räucherlachs. Kulinarische Festtage: Honigfest (Aug.), Speckfest, Brotfest (Anf.

Sept.), Käsefest (Ende Sept.), Polentafest (Anf. Okt.), Krautfest (Anf. Okt.), Kartoffelfest (Anf. Okt.). Tourismusbüro Hermagor, 9620 Hermagor, Göseringlände 7, Tel. 042 82/20 43

TIPP 23

PRESSEGGER SEE
Erstes Familienferiendorf Europas

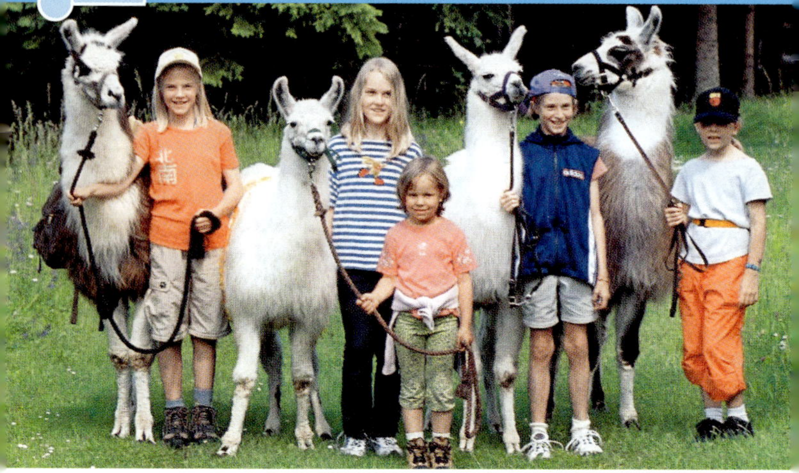

Auf Lamas trifft man nicht nur in den Hochanden Südamerikas, sondern auch in Kärnten.

Stressfreies Lamatrekking

Mit einer Fläche von 55 ha und einer Tiefe von maximal 13 m erreicht der Pressegger See, auch die »Badewanne des Gailtals« genannt, ziemlich schnell angenehmste Badetemperaturen – und das Wasser hat sogar Trinkwasserqualität. Wer segeln, surfen, rudern, tauchen oder fischen möchte, ist hier genau richtig, und Wanderer finden einen Rundweg vor, der immer am Ufer entlang führt – teilweise durch einen riesigen Schilfgürtel oder vorbei an hübschen Teichrosen. Zu den Besonderheiten der Region zählt die schwimmende Wellness-Oase des Familienferiendorfes. Am »Festland« (von der schwimmenden Oase aus gesehen) reihen sich Holzhäuser als Feriendomizile aneinander, daneben ein Appartementhaus, dahinter ein Hotel. Für die stimmige Balance von Erholung und aktiver Urlaubsgestaltung sorgt ein vielfältiges Angebot bis hin zu Trekkingtouren mit Lamas. Nichts tun kann man hier auch – nicht umsonst ist die Wellness-Oase mit der Liegewiese des Feriendorfes verbunden. Stress? Kommt da gar nicht erst auf.

KARTE ▶ AE5

Was: Familienferiendorf mit schwimmendem Wellness Center
Wo: Pressegger See, 9620 Hermagor, Tel. 0 42 82/4 46 09
Wann: im Sommer Ende Mai–Anfang Okt., im Winter Weihnachten bis Ende März
Web: www.familienferiendorf.at
Sonstiges: Schilf-Wanderung (zweitgrößter Schilfgürtel Österreichs). Attraktiv für fast alle Altersgruppen sind Grillfeste, Ausflüge mit Kajak & Kanu, Nordic Walking, Inline-Skaten, Trekking-Touren oder Bogenschießen.

Spiel, Spaß und (Ent-)Spannung

»Pflopp«: So hört es sich an, wenn der »Nautic Jet« im Wasser aufschlägt, nachdem er über eine kleine Schanze aus Aluminium gesprungen ist. Feucht-fröhlich geht es zu im Erlebnispark am Pressegger See. Eine Abteilung ist den Jüngeren bis 6 Jahren vorbehalten, mit Hupfburg, Tretautos und Schaukelgerät – sie ist Teil des »Erlebnis-Bades«. Daneben gibt es noch ein »Ruhe-Bad«. Dessen 3 ha große Liegewiese direkt am See eignet sich ideal zum »Chillen« zwischendurch – bei wesentlich reduziertem Schallpegel.

Highlights des Erlebnisparks sind neben dem fliegenden Plastikboot »Nautic Jet« der »Luna-Loop« (Kopfstand in einer kleinen Gondel), die Riesenschaukel »Komet« und der »Sky Dive« (eine Sesselbahn, die ein paar Meter über Grund durch den weitläufigen Park fährt). Übrigens empfiehlt es sich, mit dem »Sky Dive« anzu-

fangen, dann bekommt man gleich einen optimalen Überblick über das ganze Gelände des Erlebnisparks – und damit auch über die Erlebnisse im Park. Denn das Angebot ist vielfältig, und die Eintrittskarte gilt den ganzen Tag. Im »All inclusive«-Programm enthalten sind auch Federball, Tischtennis und Volleyball – wobei die Sportgeräte ebenfalls gestellt werden. Nur die Formel-1-Autos und die »Spielhölle« in Mini Las Vegas kosten extra. Sogar an den kleinen – oder größeren – Hunger zwischendurch hat man im Erlebnispark gedacht: Direkt am See bietet das See-Restaurant eine reichhaltige Auswahl an Speisen und Getränken.

Geschafft! Sicher gelandet nach dem Jump mit dem fliegenden Nautic Jet.

KARTE ▶ AE5

Was: Sport, Spaß und Entspannung
Wo: Pressegger See, 9620 Hermagor,
Wann: Mai–Sept. 9–18 Uhr
Wie viel: 15 € für alle (ab 3 Jahre), »all inclusive«

(außer »Formel 1« und »Mini Las Vegas«)
Essen & Trinken: Jausen-Station, Terrassen-Restaurant
Web: www.erlebnispark.cc
Sonstiges: Zeiteinschrän-

kungen gibt es nur bei Booten (30 min) und Tennisplätzen (60 min). Liegen und ein Sonnenschirm pro Familie sind im Eintrittspreis enthalten. Gastronomie ganztägig verfügbar.

460 Millionen Jahre Erdgeschichte

Zum insgesamt knapp 1000 km² großen Geo-Park »Karnische Alpen« gehören auch die zwei Geo-Trails »Garnitzenklamm« und »Nassfeld«. Erstere ist über die Straße zur Egger Alm (Parkplatz in der ersten Kehre) als Ausgangspunkt oder über die Talstation der Gartnerkofel-Bahn erreichbar. Die mittelschwere Wanderung führt dann rund 6 km bis zum Ursprung der Quelle nahe der Garnitzen-Alm. Schautafeln erläutern verschiedene Gesteinsformen. Wassermühlen und Strudeltöpfe wechseln sich mit imposanten Wasserfäl-

len ab, die der Garnitzenbach südlich von Hermagor über 4 km in den Fels aus Schiefer und Kalk gegraben hat. Für die 500 Meter Höhenunterschied – bei zweieinhalb Stunden Gehzeit überquert man neun Brücken – ist Trittsicherheit von Vorteil. Von den vier Abschnitten sind die beiden unteren trotzdem für Kinder geeignet. Über die Kühweger Alm erreicht man mittels Querung danach das Nassfeld in zwei weiteren Stunden Gehzeit, im Alm-Taxi Piccolo-Express geht es dann in der Tramway bequem sitzend weiter bis zur Mittelstation der Milleniums-Bahn. Der beste Ausgangspunkt für den »Nassfeld-Geo-Trail« als zweitem im Bunde ist der Parkplatz bei der Watschinger Alm. Die 5 km lange Route führt bis zum Garnitzenberg auf 1904 m Seehöhe. Ohne Abkürzung mit der Sesselbahn sind dafür etwa viereinhalb Stun-

Versteinerungen von Muscheln wie dieser verweisen auf das urzeitliche Meer, das diese Region einst bedeckte.

KARTE ▶ AD5

Was: zwei Wanderwege im Geo-Park Karnische Alpen
Wo: zur »Garnitzenklamm« Einstieg an der Straße; zur Egger Alm ab Gailtaler Heimatmuseum

südl. von Hermagor; zum »Nassfeld« ab dem Parkplatz Watschinger Alm
Wann: Juni–Mitte Okt.
Wie viel: Eintritt frei
Web: www.geopark-

karnische-alpen.at, www.nassfeld.at
Sonstiges: Geo-Park Besucherzentrum, 9635 Dellach 65, Tel. 0 47 18/3 01 33

Wasser ist Leben: Die Garnitzenklamm bietet ein beeindruckendes Naturschauspiel.

den anzusetzen – die meisten ziehen aber die Abkürzung vor. Diverse Schautafeln geben Auskunft etwa über Quarzkonglomerate, die nichts anderes sind als zu Stein gepresster Fluss-Sand, oder über Muschelkalk. Der »Nadelstich« beschreibt eine Bohrung, mit deren Ergebnissen man hofft, ein rätselhaftes Massensterben in der Tierwelt vor mehr als 250 Millionen Jahren aufklären zu können.

Bei beiden »Trails« durchwandert man rund 460 Millionen Jahre Erdgeschichte. Wasser spielte in dieser Geschichte eine entscheidende Rolle – das belegen die vielen Versteinerungen von Schnecken, Krebsen, Korallen, Muscheln und Pflanzen: Nirgendwo sonst im gesamten Alpenraum ist die Dichte erdgeschichtlicher Funde größer als hier. Ausführlich informieren lassen kann man sich darüber auf einer der zahlreichen Führungen (kostenlos für Gäste mit Urlaubsquartier in der Region). Ein ebenso sinnvoller Zugang zum Geo-Thema ist eine Visite im Besucherzentrum Dellach im Gailtal mit Fossilien, interaktiver Animation, Kurzfilmen und Infomaterial zum Mitnehmen.

Die Bezeichnung »Geo-Park« wird übrigens von der UNESCO vergeben und darf derzeit international nur von rund 60 Parks in 19 Ländern weltweit verwendet werden.

Tarzan-Feeling mit Stahlseilen

Was der Sportlehrer und Hochseilgartentrainer Christian Sölle anpackt, hat System. In diesem Fall geht es um Geschicklichkeits- und Mutproben für jede Altersgruppe und alle Schwierigkeitsgrade: 8 Parcours, 80 Stationen, 50 Plattformen – und das ist nur die nackte Statistik der 2009 in Betrieb genommenen Anlage. Die rund zwei ha große Fläche, die sich über einen Berghang mit dichtem Baumbewuchs, mit Felsen und Höhlen zieht, ist nur fünf Gehminuten von der Tressdorfer Alm entfernt und für diese Art von sportlich-geschickter »Fortbewegung« ideal. Anfängern in Sachen Hochseilgarten, Seilbrücken und Abseilfelsen wird zunächst der gelb markierte, rund 400 m lange Rundgang empfohlen, um mal ganz unverbindlich das Gelände zu erkunden. Das weckt die Neugierde und führt direkt zum Einschulungs-

Wildwasserrafting auf der Gail.

KARTE ▶ AD5

Was: Hochseilgarten, Klettersteige, Felstürme, Seilbrücken und »Abseilschluchten«, Flying Fox
Wo: Nassfeld, Tressdorfer Alm, Tel. 0 42 85/71 00

Wann: Ende Mai–Mitte Okt. 9–17 Uhr
Wie viel: Erwachsene ab 22 €, Kinder ab 16 €
Essen & Trinken: Schaukäserei auf der Tressdorfer Alm, Sonnenalpe

Nassfeld 62, Tel. 0 42 85/8 18 10, www.tressdorferalm.at; Gemütliches Almgasthaus Bachmann's, 9620 Hermagor, Obervellach 33 Tel. 0 42 82/20 69

Parcours mit vier Stationen und eigener Kinderabteilung. Ab dort ist doppelte Karabiner-Sicherung Pflicht. (Auch) für den Klettersteig sollte man halbwegs schwindelfrei sein. Die »blaue Runde« begnügt sich mit 6 m hohen Abstiegstellen und führt durch mehrere Höhlen. Die »rote Runde« macht mit Überhängen vertraut; jetzt sind die Felstürme schon 20 m hoch. Im Hochseilgarten wollen Netz- und Zaunbrücken überwunden werden, verbunden mit Seilrutschen, um sicher zur nächsten Baumplattform zu kommen. Die 12 Stationen »Flying Fox« vermitteln endgültig das klassische Tarzan-Feeling – nur ohne Lianen, dafür mit noch besser haltbaren Stahlseilen.

Mit einer Länge von 500 m leicht bergab führend, gehören sie mit zu den längsten in den Alpen.

Zur Stärkung bietet die Tressdorfer Alm gleich daneben auch eine Schaukäserei, selbstverständlich mit Kostproben. Die Rudnig-Alm ist

Flying Fox: Schwindelfrei sollte man sein.

auch für Bergradler eine ideale Raststation auf dem Weg von Tröpolach bis zur Madritsche und zählt zum ingesamt 850 km langen, grenzüberschreitenden Radwegenetz der Region. Am Fuße des Nassfelds schlängelt sich die Gail entlang – übrigens eines der schönsten Rafting-Reviere im Land, auch für Anfänger und Kinder geeignet.

Web: www.soelle.at www.nassfeld.at
Sonstiges: Kinder erst ab 8 Jahre. Festes Schuhwerk. Keine Vorkenntnisse nötig. »Lift & Bike-Giro«: Ein Vergnügen für alle, die mit dem Rad lieber bergab als bergauf fahren: Weil Mountainbikes in der Millenium-Express Gondelbahn kostenlos befördert werden, lohnt sich von der Bergstation aus eine Abfahrt ins Tal – über eine rund 12 km lange Strecke (Dauer: eine knappe Stunde). Qualifiziertes Leihgerät ist reichlich vorhanden. Für Anfänger weniger empfehlenswert.

»Fluch der Berge« – Piraten in Sicht!

Nahe der Bergstation des Millenium-Express – diese längste Kabinenbahn der Alpen schafft übrigens 6,1 km in 17 min – können Jungs auf gut 1900 m Seehöhe als Piraten in See stechen. Ein Kajüten-Boot mit gesetzten Segeln schippert auf dem hübschen Teich, dessen Wasser im Winter die Schneekanonen versorgt. Mädels interessieren sich meist eher für Wasserräder oder für das Trampolinspringen. Der 2010 eröffnete 1,5 km lange Aqua-Trail »Bergwasser« ist sogar kinderwagen-tauglich und als Erlebnisstrecke mit allerlei Spielgerät – eine Natur-Dusche etwa – am Wegesrand angelegt. Den Eingang kennzeichnen zwei Wasserfontänen, Holzrinnen wurden für den Wassertransport ausgestattet. Als kurvenreicher Umweg bis zur Mittelstation der Seilbahn bietet sich die 2 km lange Sommerrodelbahn »Pendolino« an.

Im Winter kurven hier Skifahrer auf insgesamt 110 km Pisten herum. Das Nassfeld ist eines der zehn besten Skigebiete Österreichs. Die Beschneiungsanlagen sind technisch auf dem neuesten Stand. 30 Seilbahnen können bis zu 44 000 Gäste pro Stunde befördern, damit nimmt das Nassfeld den ersten Platz unter Kärntens Skigebieten ein.

Pendolino: kurvenreicher Umweg zur Mittelstation.

KARTE ▶ AD5

Was: Wasser-Erlebnisweg für die ganze Familie
Wo: Millennium-Express Bergstation Madritsche; ab Talstation: 9631 Tröpolach, Tel. 0 42 85/82 41

Wann: Juni–Mitte Okt.
Essen & Trinken: Rudnigalm, 9620 Nassfeld, Tel. 06 76/88 38 88 12, zwei Sonnenterrassen, Kärntner Küche
Web: www.nassfeld.at

Sonstiges: Sommerrodelbahn »Pendolino« zwischen Berg- und Mittelstation. Im Winter: Führendes Skigebiet in Kärnten.

Sind so kleine Öhrchen: Junge (Hufeisennasen-)Fledermäuse werden schnell flügge.

»The Dark Knight« – Batmans Rückkehr

Es ist kein Zufall, dass Batman in ein Fledermauskostüm schlüpft, wenn er auf Verbrecherjagd geht: Manche fürchten sich vor diesen Tieren – dabei sind sie nicht nur völlig harmlos, sondern etwas ganz Besonderes: die einzigen Säugetiere, die aktiv fliegen können. Eine gute Gelegenheit, seine Scheu vor Fledermäusen zu überwinden, ist ein Besuch im ersten und zugleich einzigen österreichischen Fledermaushaus: Dessen sachkundige Mitarbeiter können einem alle Fragen beantworten – etwa die, warum die Hufeisennasen-Fledermaus Hufeisennasen-Fledermaus heißt (weil deren Nase einem Hufeisen ähnelt). Unterwegs sind hier aber auch noch andere Fledermausarten, Mops- und Bartfledermäuse zum Beispiel. Die Weibchen dürfen – wenn sie im Sommer Junge haben – durch eine Glaswand oder mit Hilfe zweier Video-Kameras beobachtet werden. Die Jungen sind schon sechs Wochen nach der Geburt selbstständig und jagen in den benachbarten Wäldern und Parklandschaften nach kleinen Insekten. Das Feistritzer Fledermaushaus ist ihr Sommerquartier, den Winterschlaf verbringen sie in Höhlen und Stollen der Umgebung.

KARTE ▶ AF5

Was: Fledermaushaus. Sechs Räume mit insgesamt 140 m² Fläche bieten faszinierende Einblicke in das Leben der kleinen Säugetiere mit 4 cm Größe und bis zu 22 cm Spannweite.

Wo: 9613 Feistritz a. d. Gail, im ehemaligen Elektrizitätswerk an der Vorderberger Landesstraße, 2 km westlich von Feistritz, Tel. 04 63/32 96 66 12

Wann: Juni–Aug. Fr 13–19 Uhr, wechselnde Öffnungszeiten – aktuelle Auskunft auf der website
Web: www.arge-naturschutz.at/projekte/fledermaushaus

Dem Alltag entschweben

Wenn der Berg ruft, schweben Sie doch einfach hinauf: mit der Panorama-Kanzelbahn und der Gerlitzen-Gipfelbahn in 20 Minuten auf fast 2000 m Seehöhe. Dort oben genießen Sie einen unvergesslichen Panoramarundblick auf die Kärntner Seenlandschaft bis hin zu den Karawanken. Und wer es nicht beim Blick belassen will: Aktiv erleben kann den Aktivberg in Villachs Nordosten die ganze Familie. Der »Traumbogen« etwa ist ein traumschöner Wanderweg mit traumhaften Ausblicken. Ab der Mittelstation Kanzelhöhe begleitet Trainer Dietmar Nordic Walker (gebührenfrei). Von den drei Routen kommt die mittelschwere mit 6 km und 225 Hö-

henmetern am besten an. Unterwegs laufen Kühe als Werbeträger herum – sie werden von Hans Maier, Wirt der Almseehütte, mit dem »Angebot des Tages« bemalt. Die hautfreundlichen Farben dafür liefert ein befreundeter Friseur. Im Almsee gleich daneben liegen unter anderem Statuen am Grund, um Hobbytaucher anzuspornen. Erforderliches Gerät wird gestellt. Das gilt auch für die »Pistenflitzer«: Auf der ersten Mountainkartstrecke im Lande – kleine motorlose Gokarts, die im gut gesicherten und abgegrenzten Gelände mit bis zu 40 km/h auf dem Hang oberhalb der Kanzelhöhe unterwegs sind – können alle Mutigen ab 130 cm Körpergröße im Pistenflitzer über die Piste flitzen. Lenken und bremsen ist in den Karts mit ihren übergroßen Reifen gar nicht schwer. Zur Verknüpfung von Schmankerl-Verkostungen und Wandern wurde für die Gerlitzen der »Kostale-Weg« erfunden (so

»Vierbeiniger Werbeträger« auf der Gerlitzen.

KARTE ▶ AG4

Was: Panorama-Kanzelbahn & Gipfelbahn, Mountainkart, Nordic Walking, Paragleiten, Modellflug
Wo: Kanzelbahn – 9520 Annenheim, Kanzelplatz 2, Tel. 0 42 48/27 22;

Mountainkart und Nordic Walking – Mittelstation Kanzelhöhe; Paragleiten: Flug Taxi Fun & Fly (Flugdrachen + Gleitschirmfliegerclub Ossiacher See), Tel. 06 64/3 38 65 58

Wann & wie viel:
Kanzelbahn: Mitte Juni–Ende Sept. (tgl.), Mai + Okt. an Wochenenden, Erwachsene 16/18 €, Kinder 7/9 €; Mountainkart: Mitte Juni–Ende Sept. (tgl.), Mai

Mission im All: Die Sternwarte auf der Gerlitzen lässt tief blicken.

heißt die Kostprobe auf Kärntnerisch): Ausgerüstet mit preiswerten Gutscheinen bekommt man in drei Wirtshäusern am Wegesrand Feinheiten wie Almochsensteak, Kärntner Kasnudeln oder süßen Strudel.

In Richtung Pöllinger Hütte liegt das Gelände für Paragleiter – auf der Gerlitzen werden regelmäßig Weltcup-Veranstaltungen und Weltmeisterschaften durchgeführt. Ein Gelände für Modellflieger befindet sich gleich nebenan. Im Winter stehen rund 60 km Pisten zur Verfügung, großteils beschneibar. Im Internet kann eine »Skitag-Analyse« angefordert werden – mit den Daten auf dem Skipass wird eine Art persönliche Leistungsbilanz erstellt.

In der – von der Astronomischen Vereinigung Kärntens betriebenen – Sternwarte auf dem Gerlitzen-Gipfel ermöglicht ein Teleskop mit 5400 mm Brennweite einen Blick auf ferne Galaxien. Zudem gibt es ein von der Mittelstation der Kanzelbahn aus oder über die Gerlitzen-Alpenstraße erreichbares »Sonnenobservatorium« – eine Sternwarte der Universität Graz mit der Möglichkeit, jeweils 40 min Kometen, Sternbilder oder die Sonnenflecken beobachten zu können. Auf halber Höhe entspringt der Finsterbach und bildet kurz vor der Mündung in den See drei hübsche Wasserfälle mit insgesamt 80 m Fallhöhe. Die feucht-romantische Wanderung beginnt 2 km östlich von der Kanzelbahn-Talstation und dauert rund 1,5 Std. Festes Schuhwerk erforderlich!

+ Okt. an ausgewählten Tagen, Erwachsene ab 4,90 €, Kinder ab 3,70 €; Nordic Walking: Mitte Juni–Ende Sept. geführte Touren, Mitte Juni–Ende Sept., Mi kostenfrei;

Paragleiten: ganzjährig
Essen & Trinken: Kostale-Weg »3 Kostproben – 3 Almen – 15 €« (Pöllinger- und Almseehütte, Gipfelhaus). Almseehütte (Neugarten) auf 1620 m,

Tel. 0 42 47/85 20, ab Gerlitzer Gipfelstraße, Spezialität: Kasnockn
Web: www.gerlitzen.com, www.tandemfliegen.at, www.region-villach.at, www.airspace.at

Hinauf ohne Schnauf – und runter putzmunter

Der Afritzer See misst gerade mal einen halben Quadratkilometer und liegt auf 752 m Seehöhe – 27 Grad Badetemperatur sind trotzdem drin, etwa im Strandbad Lierzberg. Vom einmal rundherum führenden

![»Downhill« mit Blick auf den See.]

»Downhill« mit Blick auf den See.

Promenadenweg sieht man Fischer, die Forellen, Hechten, Karpfen und Aalen nachstellen. Von der Mittelstation der Verditz-Sesselbahn aus stürzen sich Bergradler über 2 km »downhill« hinunter und lassen dabei 380 Höhenmeter hinter sich. »Hinauf ohne Schnauf« geht es dann wieder mit der Seilbahn – in-

klusive Mountainbike. Viel beschaulicher präsentiert sich das Elli-Riehl-Puppenmuseum: Die 700 handgefertigten Kunststücke im Nachbar-Ortsteil Einöde sind für Puppenliebhaber ein Pflichtprogramm. Am Afritzer Waldrand spricht Frau Jutta Oberschneider mit ihrem Kleintierhof die ganze Familie an – Zwergesel, Zwergziegen, Lamas oder Kaninchen wollen gestreichelt – und geritten – werden. Apropos Tiere: Der Alpenwildpark im nächsten Ort Feld am See zeigt ausgestopfte und frei laufende Tiere. Gut 50 Löwen, Tiger, Giraffen und Grizzlys bewegen sich nicht, Waschbären, Fasane, Steinböcke sehr wohl. Tipp: Im neuen Viersterne-Hotel »Art Lodge« kann man gut zu Abend essen und dann gleich übernachten – ein 300 Jahre alter Bauernhof wurde mit modernster Innenarchitektur (und einem glücklichen Händchen) als eine Art bewohnbare Kunstsammlung ausgebaut.

KARTE ▶ AF4

Was: Alpenwildpark, Kleintierhof, Puppenmuseum
Wo: Alpenwildpark Feld am See, 9544 Feld am See, Tel. 0 42 46/27 76; Jutta's Kleintierhof, 9542 Afritz, Scherzboden 20,

Tel. 06 64/6 56 25 68; Puppenmuseum, 9541 Einöde, Buchholzer Str. 4, Tel. 0 42 48/23 95 **Wann & wie viel:** Alpenwildpark: Mai–Okt. Erwachsene 9 €, Kinder 5 €;

Kleintierhof: Juni–Sept., Preis pro Person 4 €; Puppenmuseum: Anfang Apr.–Mitte Okt., Erwachsene 5,20 €, Kinder 2,70 € **Web:** www.kaernten-netz.de

Die glorreichen Neun

Neun Seen mit bis zu 27 Grad Temperatur und Trinkwasserqualität – mit der Formel »9 mal 27« können sich alle Gäste anfreunden, für die Urlaub etwas mit Wasser zu tun hat. Und mit sportlichen Aktivitäten: Den anderen dabei von der Strandliege aus zuschauen oder mit der Ossiacher See-Schifffahrt die neun Anlegestellen abklappern ist zwar auch ganz nett, bei der Dichte an Alternativen allerdings kaum konkurrenzfähig. Schwimmen, Tauchen, Parasailing, auf PVC-Bananen oder Wakeboards reiten, Boot fahren, Surfen, Wasserski, Fischen, Beachvolleyball spielen, Tandem-Paragleiten oben drüber oder Golfen und Radeln gleich unten am See – das sind hier die Bestseller. Anderes Beispiel, ganz ohne Wasser: Der Westernreithof »Lake-View-Ranch« von Monika Wolf mit umfangreichem Ausbildungsprogramm in Steindorf hat Anschluss an ein 600 km langes Reitwegenetz. Primus inter pares ist der Ossiacher See, drittgrößter in Kärnten, berühmt geworden als Camping-Hochburg mit aktuell 14 Campingplätzen aller Qualitätsklassen. Wer feste Mauern bevorzugt, hat ebenfalls genügend Auswahl, etwa bei der Wahl des neuen »Mountain Resort Feuerberg« oberhalb von Bodensdorf. Dazu gehören ein solargeheizter Naturbadeteich, die hauseigene Blumenalm-Quelle, eine Kinderwelt mit Indoor-Rutsche und ein Wellness-Zentrum. Nummer zwei ist der Faaker See, gefolgt vom Afritzer See. Sehenswert sind auch die kleinen: Der Silbersee, St. Magdalener See, Aichwaldsee, Vassacher See, St. Leonharder und der Wernberger See mit ihrem alpinen Charakter haben viel familiären Charme.

Freizeitspaß am Ossiacher See.

KARTE ▶ AG4

Was: Wassersportschule Arno Blasge (Segeln, Kajak, Wasserski, Surfen, Parasailen, Reifen-Banane, Bootsverleih), Westernreithof Lake-View-Ranch

Wo: Wassersportschule – 9551 Bodensdorf, Fischerweg 6a, Tel. 06 64/4 23 20 06; Westernreithof – 9552 Steindorf, Fresen 3, Tel. 0 42 76/70 97

Wann: Wassersportschule: Mai–Okt., Westernreithof: ganzjährig
Web: www.blasge.at, www.wanderreithof-gaber.at, www.region-villach.at

Der König der Lüfte

Zweimal ist die Burgruine schon abgebrannt – dafür ist Landskron wirklich in einem hervorragenden Zustand. Gut mit dem PKW erreichbar, thront sie auf einem Berghügel hoch über dem Ossiacher See und bietet ein beeindruckendes Panorama. Dazu kommt eine interessante Gastronomie mit einem von 10 bis 23 (!) Uhr geöffneten Café-Restaurant, Candle-Light Dinner und dem Ritterschmaus »Landskroner Tafelrunde«. Hauptattraktion für Tierfreunde ist der König der Lüfte: »Steinadler fliegen bei optimaler Thermik bis zu 100 km weit«, schildert der Falkner Franz Schüttelkopf die Lebensgewohnheiten der von vielfältigen Gefahren bedrohten Greifvögel – bei der 40-minütigen Flugschau ist er »aber rechtzeitig zurück, weil es dann frisches Futter gibt«. In diesem Moment sichtet ein Geier die ausgelegte Fuchs-Atrappe und stößt mit bis zu 150 km/h aus der Luft zu. Genauso beeindruckend ist der völlig lautlose Flug, mit dem eine Schnee-Eule ihrer potenziellen Beute kaum eine Chance lässt.

Neben der Flugschau lohnt auch der Greifvogelzoo mit einer Volière als Heimat von 27 verschiedenen Raubvogelarten einen Besuch. »Affenscharf« sind die über 130 Japan-Makaken, die am »Affenberg« unterhalb der Burg wie in freier Wildbahn leben und nur durch einen niedrigen Zaun von den Zuschauern getrennt sind. Sie zählen zu den seltenen Affen-Gattungen, die (hier in den beiden Teichen) gerne schwimmen. Die

KARTE ▶ AG5

Was: Burg Landskron, Flugschau, Greifvogelzoo, Affenberg, Rundwanderung
Wo: Burg Landskron: 9523 Landskron, Tel. 0 42 42/4 15 63;

Greifvogelwarte: Tel. 0 42 42/4 28 88; Affenberg: Tel. 0 42 42/43 03 75
Wann & wie viel: Burg Landskron Mai–Sept. tgl.; Greifvogelwarte Mai–Ende

Okt. Preise für Flugshow und Zoo: Erwachsene 9 €, Kinder 4,50 €; Affenberg: Apr.–Okt. 9.30 bis 17.30 Uhr, Preise: Erwachsene 9 €, Kinder 4,50 €

Auge in Auge mit dem König der Lüfte: Flugschau auf Burg Landskron.

sehr kurzweilige Führung durch das rund 40 000 m² große Gelände dauert eine Dreiviertelstunde.

Eine ganz andere Perspektive – nämlich die von unten – bietet der Wanderweg rund um Landskron: Die geführte Tour ab Parkplatz Burgruine dauert 3 Stunden, ist 6 km lang und zählt zu den schönsten ihrer Art zwischen Ossiacher- und Faaker See: vor allem, weil die Kapelle Gratschach aus dem 12. Jahrhundert, ein Teich mit Seerosen und Zwerghaubentauchern sowie keltische Hügelgräber auf der Strecke liegen.

Essen & Trinken: Café-Restaurant Burg Landskron, Tel. 0 42 42/4 15 63, fünf Restaurants und Panoramaterrasse, 10–23 Uhr **Web:** www.burg-landskron.at, www.adlerarena.com, www.affenberg.com **Sonstiges:** Die (kostenlose) »Erlebniskarte« ist mustergültig – mit einer Relief- und einer Straßenkarte inkl. Villacher Stadtplan, mit Verkehrs-Spinnen, Tourismus-Informationen, wichtigen Telefonnummern und (vor allem) mit 31 »Erlebnissen«. Erhältlich ist diese Karte in allen Tourismus-Büros. Nachahmenswert!

Ein Tag unter Tage

»Es regnet – was machen wir heute?«
Da bieten sich die beiden benachbarten Erlebnis-Welten Terra Mystica und Terra Montana am Bleiberg an, die mit einer »klassischen« Besichtigung üblicher Bergwerkanlagen nicht mehr viel zu tun haben: Eine unterirdische Wunderwelt mit viel Show und Technik macht die karge Arbeitswelt für ehemals bis zu 1500 Mitarbeiter alias Knappen unter Tage nachvollziehbar. Bis zur Stilllegung im Jahr 1993 wurden hier immerhin 1300 km Stollen in den Berg getrieben. Zum Einsteigen stehen Treppen, ein Lift und die mit 68 m längste Bergmannsrutsche Europas zur Verfügung. Während der Fahrt in einer echten Grubenbahn durch diverse Seitengänge werden Licht- und Toninstallationen mit Raucheffekten und viel Mystik geboten, um die Entstehung der Erde mitsamt ihren Bergschätzen unterhaltsam zu vermitteln. Das »Fels-Spielhaus« mit einem Extrastollen als Zugang fasst 500 Personen und hat die ideale Akustik für Musik-Events von Chorgesang bis zum Rockkonzert. In der Zeche Nr. 5 von

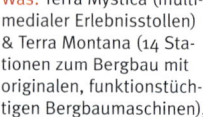

Mauerspecht: Auf geheimer Mission im Bergwerk?

KARTE ▶ AF5

Was: Terra Mystica (multimedialer Erlebnisstollen) & Terra Montana (14 Stationen zum Bergbau mit originalen, funktionstüchtigen Bergbaumaschinen), Bergbaumuseum

Wo: 9531 Bleiberg-Nötsch 91, Tel. 0 42 44/22 55
Wann: Terra Mystica Mai bis Juni u. Sept.–Okt. tgl. 9 und 13 Uhr, Juli/Aug. tgl. 9.30–15 Uhr, Führungen ab 10 Uhr zu jeder vollen Std.;

Terra Montana Mai–Juni u. Sept.–Okt. tgl. Führung um 15 Uhr, Juli–Aug. erst um 16.00 Uhr
Web: www.terra-mystica.at

In der unterirdischen Wunderwelt: Schutzkleidung und Helm werden gestellt.

insgesamt sieben geht es um Alchemie – um 7000 Jahre Metallgewinnung. Zeche Nr. 7 ist dem in Villach aufgewachsenen weltbekannten Arzt und Philosophen Paracelsus gewidmet. Im Schachtaufzug – das einzige noch aktive Original seiner Art in Österreich – erreicht man das Bergbaumuseum mit der ältesten Knappenfahne der Welt und der Karikaturen-Ausstellung »Terra Humoristica«. Entwürfe des Kärntner Bildhauers Konrad Campidell wurden in gebrannte Ton-Miniaturen umgewandelt und machen sich über Alltags-Situationen mit vornehmlich erotischem Hintergrund lustig. Für Kinder eher empfehlenswert ist da wohl das kleine Stollen-Labyrinth. Mit Leih-Taschenlampe können dort unter Anleitung Halb-

edelsteine gefunden und mitgenommen werden. Über die Terra Mystica erreicht man schließlich die Terra Montana, einen 700 m langen Rundkurs mit 14 Stationen zum Thema Bergbau; alle mit der 2 km langen Grubenbahn bequem erreichbar. Maschinen und Gerätschaften befinden sich im Originalzustand, und ohne Multimediashow geht es auch hier nicht: In diesem Fall liefert sie sehr anschaulich bewegte Bilder vom Bohren und Sprengen, von Wasserhaltung, vom Umgang mit Witterungseinflüssen sowie vom Personen- und Materialtransport. Schutzkleidung mit Helm wird beim gemeinsamen Eingang für beide Erlebniswelten bereitgestellt, die Temperatur beträgt jahraus, jahrein rund 9 Grad.

Im Bauch der Erde: Das heile Klima im Heilklimastollen genießen vor allem Allergiker.

Tief durchatmen!

Blei wird in Bad Bleiberg schon seit Jahrzehnten nicht mehr abgebaut, weil die Vorkommen längst erschöpft sind. Doch als bei einem Wassereinbruch in einem Stollen zutage kam, dass es sich bei der zunächst unerwünschten Flüssigkeit um hochwertiges Thermalwasser handelte, war sogleich ein neues Standbein gefunden und bald darauf ein großzügiges Kurzentrum errichtet – 920 m Seehöhe sind nach Aussagen von Klimatologen dafür ohnehin ideal. Wem ab und zu die Luft wegbleibt, der ist in den beiden Heilklimastollen »Friedrich« und »Thomas« bestens aufgehoben: Bei absoluter Staub- und Pollenfreiheit können Allergiker tief durchatmen. 90 m tief im Berg herrschen konstant 8 Grad Celsius, 99 % Luftfeuchtigkeit und völlige Ruhe. Die meisten Besucher schlafen bald auf den bequemen Liegen ein, Raumhöhen von 7 m bei einer Fläche von 1300 m^2 zerstreuen den Eindruck von Enge. Der Friedrich-Stollen ist direkt vom Ortszentrum aus zugänglich, den Thomas-Stollen erreicht man über einen Lift des Kurhotels. Hilft das alles nichts, bleibt noch ein kurzer Aufenthalt in der Kältetherapie-Kammer, die bis auf 110 Minusgrade heruntergekühlt. Als Basisquartier eignen sich das Hotel & Spa Bleibergerhof sowie das Kurzentrum Bleiberg.

KARTE ▶ AF5

Was: Heilklimastollen »Friedrich« und »Thomas«
Wo: Freizeit- & Gesundheitszentrum »Barbara«, 9531 Bad Bleiberg Kreuth, Kreuth 279, Tel. 0 42 44/35 51

Wann: ganzjährig
Wie viel: 18 €/1 Std.
Essen & Trinken: Hotel & Spa Bleibergerhof, Drei Lärchen 150, 9530 Bad Bleiberg, Tel. 04244/2205; Vier Restaurants, auch

Vollwert, vegetarisch, glutenfrei
Web: www.heilklima stollen.at, www.bad-bleiberg.at, www.bleibergerhof.falkensteiner.com, www.kurzentrum.com

Mit der Taschenlampe auf Spurensuche

Das Dobratsch-Massiv als Villacher Hausberg und der Erzberg nahe Bad Bleiberg ähneln beide dem Emmentaler Käse – mit rund 300 »Löchern« ist es erstaunlich, wie gut sie die Zeit des Bergbaus überstanden haben. Heute profitieren Gäste davon, zum Beispiel in Form einer Stollenwanderung: Nordwestlich von Bad Bleiberg startet die 5 km lange Strecke beim Rubland-Stollen. Mit Taschenlampen ausgerüstet, können 28 verschiedene Abbau-Stationen »erforscht« werden. Sie geben gute Einblicke in eine gefährliche Arbeitswelt und sind zugleich ein »mystischer Nährboden« für wahre und fast wahre Geschichten aus düsteren Zeiten. Insgesamt wurden hier in den Jahren des Bergbaus über 1000 Bohrungen durchgeführt.
Die rund zwei Stunden lange Wanderung am Fuße des Erzberges mit knapp 200 Höhenmetern ist empfehlenswert, weil die Gemeindeverwaltung »auf der Sonnseitn« ein paar besonders gemütliche Rastplätze eingerichtet hat – zum Aufwärmen mit makeloser Fernsicht. Das ist ziemlich ideal für gepflegte Picknick-Pausen. Die Ausrüstung dafür kann am besten beim Buschenschank und Bauernladen Schützelhofer in Kaduschen 23 (Ortsteil von Bleiberg) eingekauft werden oder im Spar-Markt im Ortszentrum gegenüber dem Tourismus-Büro.

Nein, nicht die Stollen wandern hier – sondern wir auf dem Stollen-Wanderweg.

KARTE ▶ AF5

Was: Stollen-Wanderweg
Wo: 9531 Bad Bleiberg, Start und Ziel: Nähe Eingang Rubland-Stollen, Auffahrt Terra Mystica
Wann: Mai–Mitte Nov., Dauer ca. 2–3 Std.

Essen & Trinken: sechs Rastplätze mit Tischen stehen zur Verfügung– ideal für Picknick
Web: www.region-villach. at, www.naturpark dobratsch.info/

17560.htm – hier kann auch eine Karte als PDF heruntergeladen werden.
Sonstiges: Gute Wanderschuhe und Taschenlampe werden empfohlen.

Naturparadies mit Panoramaweg und Alpengarten

Der Dobratsch, als Hausberg der Villacher auch »Villacher Alpe« genannt, wurde nach dem Abbau aller Seilbahnen zum ersten Kärntner Naturpark umgestaltet – schon 2002, fünf Jahre vor dem als Tipp 17 vorgestellten Naturpark Weissensee. Die mautpflichtige Straße auf den Dobratsch erschließt ein Wanderwegenetz – auf dem neuen, extrabreiten Panoramaweg zum Gipfel (2167 m) wandert man zum Beispiel ab dem Parkplatz in zwei gemütlichen Stunden. Dort beginnt auch der Rosstratten-Lehrpfad mit Raritäten wie Fossilien, Korallen und Vulkanit-Gestein (»Rosstratte« heißt ein Ostausläufer des Dobratsch, dessen steil abfallender Südhang als größtes Bergsturzgebiet der Ostalpen bekannt ist). Hölzerne Panoramaliegen stehen einladend in der Landschaft herum. Nahe dem Parkplatz Nr. 6 mit Aussichtsplattform aus Stahl, 200 Höhenmeter tiefer, wachsen auf einem Hektar Fläche rund 900 alpine Blumen – vom Enzian über Edelweiß und Alpenmannstreu bis zur nur in Kärnten und im Himalajagebiet so üppig gedeihenden Wulfenia. Besonders für die Abteilung Heil-, Gewürz- und Duftpflanzen des Alpengartens empfiehlt sich eine kurze Führung der privaten Betreiber. Im August und September werden vom Dobratsch aus Tausende Zugvögel beobachtet – Erläuterungen zu Verbreitung und Lebensweise erhält man auf den »Greifvogel-Wochen«. Der Dobratsch ist ein Paradies für Skiläufer, Skitourengeher und Schneeschuhwanderer; auch für Rodelpartien ist das Areal gut geeignet – im Winter wird die Zufahrtsstraße (Villacher Alpenstraße) geräumt.

Gelber Frauenschuh im Alpengarten Villacher Alpe.

KARTE ▶ AF5

Was: 2000er mit neuem Panoramaweg zum Gipfel
Wo: Villacher Alpenstraße, 16,5 km Länge, Ausgangspunkt Villach-Möltschach (550 m) bis auf den Dobratsch (1732 m). Mautpflichtig: ab 13 € PKW, 7 € Motorrad
Wann: ganzjährig. Motorradfahrer haben Fahrverbot in der Zeit von 20 bis 7 Uhr
Essen & Trinken: Rosstrattenstüberl (auf 1733 m), Villacher Alpenstraße, Parkplatz 11, Tel. 0 42 42/ 21 95 17, Kärntner Gerichte aus regionalen Produkten
Web: www.naturpark dobratsch.info

Schwimmen an – und über – der »Quelle gesunden Lebens«.

Eine gesunde Zukunftsperspektive

Direkt an der Quelle im 30 Grad warmen Thermalwasser baden – das gibt es nur einmal in Österreich. Weil das Kurzentrum direkt über dem Gesundsprudler gebaut wurde, erneuert sich das Wasser im Schwimmbecken alle drei Stunden – auch das ist ein Rekord. Bei 460 l pro Sekunde funktioniert das ununterbrochen seit 550 Jahren! So kam die inzwischen gut 20 ha große Anlage mit dem riesigen Park im Südwesten von Villach zu internationalem Ruhm. Und man hat noch viele Pläne: Einer davon ist das Hotel »Thermenparadies Karawankenhof«, das im Herbst 2011/ Frühjahr 2012 fertiggestellt werden soll und einen direkten Zugang zur Urquelle haben wird – wie auch der »Warmbaderhof« mit seiner 200 Jahre langen Tradition und einem »Vital Center« allerneuesten Ursprungs. Das hauseigene Hauben-Restaurant bringt Geschmack selbst ins strengste Diät-Menü, für Liebhaber von »Kaffee & Kuchen« lohnt sich ein Besuch der Kurkonditorei, denn hier schlägt das österreichische Mehlspeisen-Herz besonders deutlich. Im Sommer 2012 wird zudem die neue »Kärnten-Therme« als modernste Einrichtung ihrer Art in Österreich ihre Pforten eröffnen. Auch daran sieht man: Hier tut sich was!

KARTE ▶ AG5

Was: Kurzentrum, Thermalheilbad
Wo & Wann: Thermenresort Warmbad-Villach – Warmbaderhof, Karawankenhof, Erlebnistherme, Josefinenhof, Thermenhof, Kurzentrum, SKA Orthopädie; 9504 Warmbad-Villach, Kadischen-Allee 22–24, Tel. 0 42 42/ 37 00-0, ganzjährig
Web: www.warmbad.com (unter dieser Adresse erhält man auch stets aktuelle Informationen über interessante Sonderangebote und Specials – Schnuppertage, Ladys Week, Wellness Specials und vieles andere mehr).

◀ Die Narren sind los: am Nikolaiplatz.
▶ Gute Stube: Villachs Altstadt wird vom Turm der Stadtpfarrkirche überragt.

Sonnenstube Villach

Kommt der Quotenbringer »Villacher Fasching« im ORF, versammelt sich fast die ganze Nation vor dem Fernseher. Beim Villacher Kirchtag wird alljährlich die erste August-Woche durchgefeiert – mit rund 300 000 Besuchern jährlich. Und der »Carinthische Sommer« als renommiertes sechswöchiges Kultur-Event bietet ebenfalls Heiteres zwischendurch. Dabei herrscht hier ohnehin das ganze Jahr über gute Stimmung – durchschnittlich 2000 Sonnenstunden pro Jahr erheitern eben das Gemüt. Von den vielen Sonnenstunden profitiert auch die Schifffahrt auf der Drau mit der MS Landskron – nicht zuletzt spürt man natürlich auch auf den beiden Villacher Hausbergen Dobratsch und Gerlitzen-Alpe, wie positiv sich das milde Klima südlich des Alpenhauptkam-

mes auf die Besucher auswirken kann. In der Stadt selbst empfiehlt sich die Stadtpfarrkirche mit ihrem weithin sicht- und erklimmbaren, 94 m hohen Turm als Ausgangspunkt für einen Stadtbummel. Einen Besuch wert ist auch das Villacher Museum mit seinem schönen Renaissance-Arkadenhof und einem »Relief von Kärnten«. Letzteres ist mit einer Fläche von knapp 200 m^2 die größte Landschaftsplastik Europas.

Fans von zwei- und vierrädrigen Fortbewegungsmitteln kann der Besuch im Villacher Fahrzeugmuseum mit seinen etwa 160 »Fahrzeugen« zumeist aus den 1950er-Jahren empfohlen werden. Wie nützlich drei offene Ländergrenzen sind, belegen auch mehrere Galerien der Innenstadt: »Unart« in der Fußgängerzone zum Beispiel hat sich auf zeitgenössische Kunst aus Österreich, Italien und Slowenien spezialisiert. Sportlich Aktive benutzen in Villach die »Drau-Bermen« (so nennt man hier die zum Schutz vor Hochwasser errichtete Uferböschung) zum Radfahren, Laufen oder Skaten.

KARTE ▶ AG5

Was: Stadtrundgang Villach, Drauschifffahrt (z. B. von Villach nach Wernberg, 2 Std.)
Wo: Villach
Wann: Stadtführung ganzjährig. Fr 10 Uhr, 1,5 Std.

(kostenlos); Drauschifffahrt Mai–Okt.
Essen & Trinken: Café Herr Vincent, 8. Mai-Platz 3; Restaurant »Kaufmann & Kaufmann«, Dietrichsteingasse 5

Web: www.villach.at, www.schifffahrt.at/drau
Sonstiges: Tourismusinformation Villach-Stadt, 9500 Villach, Bahnhofstr. 3, Tel. 0 42 42/2 05 29 00

Moonlight Serenade

Der 220 ha große Faaker See mit seinem türkisblauen Wasser und mit dem üppigen Schilfgürtel wird wie alle seine See-Kollegen in der Region Villach bis zu 27 Grad warm und verfügt über eine umfangreiche Infrastruktur: Klassiker wie Segeln, Surfen und Inline-Skaten sind genauso möglich wie Reiten, Fischen oder Boccia. Auf dem See ist nur ein einziges Motorboot zugelassen – es dient als Taxi für die Gäste der Insel, die den Strand mit herrlich altmodischen Holzumkleidekabinen nutzen oder im einzigen Inselhotel Österreichs besonders

KARTE ▶ AG5

Was: Kajak-Center Manfred Winkler, Alpe-Adria Golf Schloss Finkenstein
Wo: Kajak-Center: 9580 Drobollach Egg, Egger Seeuferstraße 80, Tel. 06 50/4 10 22 71;

Alpe-Adria Golf: 9585 Gödersdorf, Schlossrainweg 8, Tel. 0 42 57/2 92 01
Wann: Apr.–Okt.
Essen & Trinken: Inselhotel Faaker See, 9835 Faak am See, Tel. 0 42 54/21 45,

Mai–Sept., www.inselhotel.at, Restaurant mit Badestrand
Web: www.kajak-faak.com, www.gcfinkenstein.at, www.region-villach.at, www.burgarena.at

Blick von der Taborhöhe auf den See:
Auf der Insel in der Bildmitte logiert man
in Österreichs einzigem Inselhotel.

ruhige Tage verbringen wollen – der Transfer zum Festland dauert nur drei Minuten und ist 24 Stunden am Tag in Betrieb. Georg Bucher, Inhaber des Inselhotels, bietet auch ein reichhaltiges Speisen- und Getränkeangebot. Dazu gehört auch sein allseits beliebter »Insel-Kaiserschmarren« (international gültige Bezeichnung: »Emperors Nonsense«). Zurück am Festland starten in Manfred Winklers Kajak-Center im Strandbad zwei- bis dreistündige Touren mit klingenden Namen wie »Moonlight« oder »Indian spirit«. Bei der ersten Tour geistern Mondsüchtige mit Fackeln über den See, bei der zweiten erforschen spirituell bewegte Indianer die schmalen Wassergassen durch

das Schilf, in dem sich eine üppige Flora und Fauna verbirgt. Ein paar Minuten weiter westlich beginnt das Gelände von Alpe-Adria Golf Schloss Finkenstein – Gäste aller Handicaps sind herzlich willkommen! Überragt wird das alles von der Burgarena Finkenstein mit ihrem vom Frühling bis zum Herbst dichten Konzert- und Festprogramm (Platz für 1150 Besucher). Und nicht zuletzt findet alljährlich Anfang September die »Harley-Davidson European Bike Week« statt. Sie zieht rund 100 000 Besucher an, die sich alle in irgendeiner Form für diese Motorradklassiker begeistern. Das Rahmenprogramm kann auch Anhängern anderer Fortbewegungsmittel empfohlen werden.

Wo die Zitronen blühen

Durchaus sauer aufstoßen könnten einem einige der 212 Zitrus-Pflanzen im einzigen Park dieser Art in Österreich – wenn da nicht die vielen wunderschönen Blüten und die

ausreichend mit Zucker versetzten Kostproben wären – und der einzige »Zitronen-Bauer« Österreichs, Michael Ceron. Seine gut 5000 m^2 große Anlage mit 2000 Fruchtbäumen wurde mit dem Titel »erster Bio-Zitrus-Betrieb in Österreich« ausgezeichnet – Titel sind nun mal wichtig in Österreich. Antike Sorten aus der Medici-Zeit sind genauso vertreten wie Spezialgewächse aus Australien. Fortgeschrittene melden sich kurzfristig für geführte Rundgänge an, um ganz detailliert informiert zu werden – für »normale« Zitrus-Genießer sind die unterwegs vielerorts angebrachten ausführlichen Infotafeln allerdings völlig ausreichend. Empfehlenswert ist es in jedem Fall, sich für die Verkostung hauseigener Erzeugnisse wie Zitroneneis-Tee, Orangentorte oder Zitronenkuchen genügend Zeit zu nehmen.

Wer ein ausgefallenes Souvenir sucht, der kann Bio-Zitrus-Erde bzw. Zitrus-Dünger aus eigener Produktion mitnehmen. Denn das gibt es sonst nirgends, heißt es, Ehrenwort!

Unter Kärntens südlicher
Sonne gereift.

KARTE ▶ AG5

Was: Park mit Zitrus-Pflanzen
Wo: 9583 Faak am See, Blumenweg 3, Tel. 0 42 54/2 23 40
Wann: Apr.–Okt. Mo–Sa 10–16 Uhr

Juni–Aug. auch So
Wie viel: Eintritt frei
Web: www.zitrusgarten.com
Sonstiges: Auch ein Blick in den Veranstaltungskalender lohnt sich. Vom

Limettenfest über Jazz-Frühschoppen bis zu Grillkursen (ohne Zitrusfrüchte) wird zur Unterhaltung weit mehr als nur die Besichtigung von 212 Zitrus-Pflanzen geboten.

Sicher ist sicher: Jeder Besucher wird mit Helm und Klettergurt ausgestattet.

Seiltanzen im Wald

Hoch hinauf geht's im 2010 eröffneten »Waldseilpark«: Im natürlich gewachsenen Mischwald wurden Bäume mit Seilen verbunden, um Wackelbrücken und Netze zu tragen, die zwischen zwei bis 20 m vom Boden entfernt sind. Nach einer Einschulung durch das Trainerteam rund um den Betreiber Walter Hanzlik sitzt und passt der Umgang mit Klettergurt, Karabiner und Seilrolle. Ab sofort besteht zwischen jedem Gelegenheits-Seiltänzer bzw. Gleichgewichtskünstler eine permanente Verbindung mit dem Sicherungsseil. Das vermindert jedoch den Abenteuereffekt keineswegs: Der Weg über schwankende Holzbrücken oder Balken ist gewöhnungsbedürftig, die Seilrutschen zwischendurch dienen schon eher der Entspannung. Zwischen 6 Parcours mit 60 verschiedenen Balance-Übungen kann man wählen, besonders Vorsichtige nehmen (gebührenpflichtige) Begleitung in Anspruch. Besonders Mutige bzw. Geübte machen sich sogar im Finstern mit Stirnlampen auf den Weg. Die Jüngeren, unter 16 Jahren, dürfen nur in Begleitung Erwachsener in den Seilgarten, und alle Besucher müssen über 110 cm groß sein. Wer die falschen Schuhe dabei hat, der kann sich im Lowa-Testcenter bedienen. Übrigens: Der Waldseilpark wird regelmäßig vom TÜV überprüft.

KARTE ▶ AG5

Was: Waldseilpark
Wo: 9581 Ledenitzen, Taborhöhe, Tel. 06 99/ 18 60 16 07
Wann: Mai–Aug. 10–20 Uhr, Sept.–Okt. reduzierte Öffnungszeiten

Essen & Trinken: Jausenstation »Taborhütte« auf dem Gelände
Web: www.hochhinauf.at
Sonstiges: Als Basisquartier empfiehlt sich Gina's Kinderhotel in 9580 Drobollach, Tel. 0 42 54/ 2 33 40, www.gina.at – mit Schwimmakademie, Surfkursen für Kinder, Survival-Training im Wald und Traktor-Fahrten rund um den See.

Wie kommt der Berg ins Eck?

Drei Berge auf einmal bezwingen? Auf dem »Dreiländereck« geht das: So heißt der genau an der Grenze zwischen Kärnten, dem italienischen Friaul und Slowenien liegende Berg nämlich in Kärnten – im Friaul nennt man ihn »Monte Forno«, in Slowenien »Pec«. Und wer mag, der kann ja die Besteigung des dreinamigen Bergs als dreifache Bergbesteigung verkaufen. Ewald Krassnitzer, der Wirt vom Bergrestaurant, bietet denn auch »Dreiländer-Teller« an, weil er in allen drei Küchendisziplinen bewandert ist. Tipp: Verkosten Sie mal drei Sorten Speck aus drei Ländern, die hier exakt null Meter voneinander entfernt sind.

Ein hübsches Marterl markiert die Schnittstelle des romanischen, slawischen und germanischen Kulturkreises mit seiner bewegten, nie ganz konfliktarmen Geschichte. Von der zeugen Bunkeranlagen aus zwei Weltkriegen genauso wie die Kapelle Madonna di Neve auf italienischem Gebiet. Am besten

geht man die Tour mit Wanderführer Dietmar Schuss: Treffpunkt ist um 10 Uhr (je nach Wetterlage) bei der Talstation der Dreier-Sesselbahn, Rückkehr gegen 16 Uhr. Von der Bergstation sind es dann nur mehr eineinhalb Stunden bis zum Gipfel. Egal, wie viele Länder hier aneinander anecken – der Blick auf Karawanken, Julische Alpen und auf das Gailtal ist ein wahrer Genuss.

Aber: Ist das Dreiländereck überhaupt ein Eck oder doch ein Berg? »Beides stimmt«, sagt Bürgermeister Erich Kessler aus Arnoldstein, denn der Berg »Dreiländereck« liegt genau auf dem geografischen Dreiländereck und bezeichnet auch den 1509 m hohen Gipfel.

Im Winter verwandelt sich das Dreiländereck in ein gemütliches Skigebiet zwischen 700 und 1600 m Seehöhe mit 7 Liften bzw. Seilbahnen. Dietmar Schuss ist auch im Winter ziemlich flott unterwegs, wenn er »maßgeschneiderte« Schneeschuh-Wanderungen durchführt.

> Am nördlichen Rand des Arnoldsteiner Gemeindegebietes führt der »Gailtal-Radweg« vorbei – als Verbindung von Kötschach-Mauthen und Villach. Am gemütlichsten sind die 85 km von West nach Ost zu befahren, weil es da flussabwärts geht.

KARTE ▶ AF5

Was: Dreiländer-Wanderweg
Wo: Bergbahn Dreiländereck (Talstation), 9601 Arnoldstein, Tel. 0 42 55/ 25 85-0
Wann: Mai–Sept. tgl.,

Skibetrieb: Mitte Dez. bis Ende März
Wie viel: Berg- & Talfahrt Erwachsene 13 €, Kinder 7,50 €
Essen & Trinken: Bergrestaurant »3-Länder-

Treff« (Bergstation), Tel. 0 42 55/25 56
Web: www.3laendereck.at
Sonstiges: Personalausweis nicht vergessen. Skigebiet mit Seilbahnverbindung nach Italien.

ThermenResort Warmbad-Villach
Ankommen, erholen, wohlfühlen

Was 1798 mit einem »warmen Bad« begann, ist heute zu einem modernen Erholungs-, Gesundheits- und Kurzentrum auf höchstem Niveau geworden. Schwimmen Sie im einzigartigen Thermal-Urquellenbad, stillen Sie Ihre Leidenschaft nach Bewegung und Natur im 20 ha großen Park und nehmen Sie ein Quäntchen Schönheit aus dem Angebot an Sauna, Massage und Beauty mit nach Hause.

Unser Tipp Genießen Sie den Sonntags-Brunch oder Torten der hauseigenen Konditorei auf der Sonnenterrasse des WARMBADERHOFS*****.

Golf & Therme Von Warmbad aus erreichen Sie die schönsten Golfplätze Kärntens, Italiens und Sloweniens. Das GOLF MED INSTITUT – Österreichs einziges PGA-Therapiezentrum – und die nur 300 m entfernte Golfübungsanlage bieten die perfekte Vorbereitung.

Die KÄRNTEN THERME (links) steht auf den drei Säulen Erlebnis. Wellness. Fitness und öffnet ihre Pforten im Sommer 2012. Das dazugehörende Hotel Karawankenhof (rechts) wird Ende 2011 eröffnet.

THERMENRESORT
WARMBAD-VILLACH

WARMBADERHOF
Kur- Golf- Thermenhotel

Die Quelle gesunden Lebens

ThermenResort Warmbad-Villach
therme@warmbad.at, warmbad.com
T +43 (0) 4242 3001-0

ERÖFFNUNG KÄRNTEN THERME 2012
Mit diesem Voucher erhalten Sie 10% auf die Tageskarte.
Gültig bis 31.12.2012

Dieser Blick auf den Wörthersee hätte sicher auch Kaiser Arnulf gefallen.

Kaiserliches Kärnten

Eine der vielen Abzweigungen vom Wörthersee-Rundwanderweg ist der Kaiser-Arnulf-Weg nördlich von Pörtschach. Er führt zu den fünf Moosburger Teichen. Bei einer Länge von 10 km und 380 m Höhenunterschied ergibt das rund drei Stunden Gehzeit ab dem Karolinger-Museum in Moosburg. Letzteres erinnert an die zweite Hälfte des 9. Jahrhunderts, als hier die Hauptfestung von »Karantanien« stand und König »Arnulf von Kärnten« bis zum römisch-deutschen Kaiser aufstieg. Das blieb er allerdings nur drei Jahre lang (896–899). Seine Mutter soll aus Moosburg gewesen sein, Arnulf hat zumindest ein paar Jahre seiner Jugend in dieser Gegend verbracht. Radwanderer starten am besten schon in Pörtschach, um den ganzen, 35 km langen Karolinger-Radwanderweg abzufahren. Die Teichlandschaft bei Moosburg mit ihrem bräunlichen Wasser entspannt das Auge. Zum Baden ist nur der Mühlteich geeignet. Tipp: Picknickkorb mitnehmen! Die Hallegger Teiche ein paar Kilometer weiter östlich sind Naturschutzgebiet, für ihre Amphibien-Vielfalt bekannt und auch bei Reitern beliebt. Damit Wasserschlangen und Lurche nicht gestört werden, ist das Baden hier verboten. Das Hallegger Renaissanceschloss mit zwei hübschen Innenhöfen wird als Hotel- und Restaurantbetrieb geführt. Beide Teichgebiete haben eines gemeinsam: In dieser Ruhe können auch die Ohren entspannen!

KARTE ▶ AH4/5

Was: Wandern & Radeln, Moosburger und Hallegger Teiche
Wo: Einstiege z. B. Moosburg – Kaiser-Arnulf-Weg; Pörtschach bzw. Krumpendorf – ab Wörthersee

Rundwanderweg
Wann: ganzjährig
Essen & Trinken: Restaurant im Hallegger Renaissanceschloss, 9061 Wölfnitz, Hallegger Str. 131, Tel. 04 63/4 93 11

Web: www.woerthersee.com, www.kultur radweg.at
Sonstiges: Wörthersee Tourismus, Villacher Straße 19, 9220 Velden, Tel. 0 42 74/38 28 80

Klangwellen am Strand

Wer am Seecorso in Velden – sprich am Uferweg – nach dem Aufziehen des Abendrots niemand Berühmten aus der High Society, Film oder vom Bunt-Fernsehen erkennt, der schafft das woanders bestimmt auch nicht. In jedem Fall: Locker bleiben und zunächst im »Seespitz« auf der überdachten Terrasse einen Aperitif genießen, dann telefonisch unter 04274/3000 checken, ob im Restaurant »Caramé« noch ein Tisch frei ist, und danach im »Stamperl« einen Absacker nehmen (es hat ja von April bis Oktober täglich bis 4 Uhr geöffnet) – Coolness bei Auftritt und Outfit ist überall angesagt. Alle Lokalitäten liegen auf Sicht- bzw. Flanierweite dicht beieinander. So ein Abend hat Stil, keine Frage – und Stil hat auch Velden. In manchen Fällen lässt sich der Stil sogar genau bestimmen: Schloss Velden etwa, besser bekannt als »Schloss am Wörthersee«, stammt aus der Spätrenaissance. Stilvoll kleiden sich auch die meisten Besucher des Casino Velden, das mit seinem hübschen Kugelbrunnen, den interessanten Marmorintarsien im Foyer und den kunstvollen Glasfenstern ganz schön was hermacht. Trotzdem interessieren sich die gut 250 000 Besucher im Jahr in der Regel weniger für den architektonischen Rahmen des Casinos als für dessen eigentlichen Sinn und Zweck: Sechs Spielarten werden angeboten und über 170 Spielautomaten. Wer sein Glück trotzdem nicht aufs Spiel setzen will: Dreimal pro Woche rollt die Klangwelle am Strand – um 21 bzw. 22 Uhr einmal mit Rock/Pop, dann mit Evergreens und drittens mit »Best of Klassik«.

Schönes Spektakel:
Klangwelle Velden.

KARTE ▶ AH5

Was: Feiern in Velden – Ausgehtipps
Wo: Velden am Wörthersee
Wann: ganzjährig
Web: www.woerther see.com, www.velden. co.at

Sonstiges: Klangwelle am Strand
Velden Tourismus, Villacher Straße 19, 9220 Velden, Tel. 0 42 74/21 03
Die Klangwellenshow, eine Mischung aus Wasserspielen, 60 m hohen Fontänen, Lichteffekten und Musik, dauert gut 20 min, ist ein recht intensiver Eindruck für Ohren und Augen – und kostenlos.

Paradies für Wassersportler und Partygänger

Der Wörthersee hat, wovon alle träumen: Trinkwasserqualität, eine Infrastruktur vom Feinsten (allein 22 öffentliche Strandbäder, 16 Schiffsanlegestellen und 15 Hauben-Restaurants) sowie Events für jeden noch so ausgefallenen Geschmack.

Die »Badewanne Österreichs« – mit Temperaturen bis zu 27 Grad – misst knapp 20 km^2 und ist im Tourismus international ein Begriff. Das liegt zum einen an der reizvollen Umgebung mit ihren mittelhohen Bergen und zum anderen an der Landeshauptstadt Klagenfurt mit ihrem üppigen Kulturangebot nur ein paar Minuten vom Seeufer entfernt. (Das Seeufer ist übrigens die Stadtgrenze.) Für Wassersportler gibt es hier eine ganze Menge zu tun: Segeln, surfen, tauchen, skiten, parasailen, wakeboarden, Wasserski fahren (auf dem Wörthersee sind die Einschränkungen für Motorboote nicht so strikt wie anderswo) – und vieles andere mehr. Anfänger in welcher Disziplin auch immer schätzen die qualifizierten Intensivkurse in den zahlreichen Wassersportschulen rund um den See. Ach ja: Einfach nur im See schwimmen – das geht natürlich auch!

◄ Macht die Mädels ganz wach: der Typ auf dem Wakeboard.
► Das zur Villa Schnür gehörende zweigeschossige Boots- und Badehaus in Pörtschach wurde 1926 errichtet.

KARTE ► AH/AJ5

Was: Wassersport, Trendsportarten, Eventhochburg
Wo: zahlreiche Wassersportschulen, mit Intensivkursen für Trendsportarten rund um den See

Wann: Apr.–Okt.
Web: www.woerther see.com
Sonstiges: Die Wörthersee-Card (kostenlos erhältlich bei über 100 Gastgebern) berechtigt zu

Ermäßigungen bis zu 100 % bei mehr als 100 Aktivitäten.
Wörthersee Tourismus, Villacher Straße 19, 9220 Velden, Tel. 0 42 74/38 28 80

Nach dem »Wörthersee Seeopening« jeweils Ende April reihen sich am Seeufer viele international besetzte Veranstaltungen aneinander: Vom »Sportwagen-Festival« im Juni zum »Ironman«, der »Starnacht am Wörthersee« und der »Fête Blanche« im Juli über den »Beachvolleyball Grand Slam« im August bis zur »Blob WM« – eine Art Katapult-Springen mit einem schwimmenden Plastikschlauch. Und das ist noch lange nicht alles. Wem zum Beispiel das »Gay & Lesbian Festival« zu schrill ist, der besucht eben ein Konzert im Veldener Schloss mit Udo Jürgens. Die oben erwähnte »Fête Blanche« ist übrigens mit ihren rund 50 000 Teilnehmern – alle in Weiß vom Hut über die Krawatte bis zu den Schnürsenkeln – inzwischen die größte Society-Party in Österreich. Das gibt es so nur einmal: am Wörthersee.

Von der »Hohen Gloriette« reicht der Blick bis auf den Pörtschacher Landspitz.

Im Spiel der Elemente – Feuer, Erde, Wasser, Luft

Rund um den See hat sich in den letzten Jahren viel getan – vom Barfußweg über einen Wasserspielplatz bis zu Holzliegen mit Musik von Johannes Brahms, der am Wörthersee gern die Sommerfrische verbrachte. Der neueste Stand der Dinge ist am besten von den einzelnen, jeweils 6 bis 17 km langen Etappen des insgesamt 55 km langen Rundwanderweges aus zu erkunden. Je nach Kondition empfehlen sich die neun Schiffsanlegestationen mit Linienverkehr für bequemes Abkürzen – oder die Bahnhöfe in Klagenfurt, Krumpendorf, Pörtschach und Velden. Eine eigene Wander- und Reliefkarte für diesen Rundwanderweg im Maßstab 1:26 000 (kostenlos in den Tourismusbüros erhältlich) hilft bei der Orientierung. Die Bezwingung mitt-

KARTE ▶ AH/AJ5

Was: Wanderungen zu Themenabschnitten »Feuer-Erde-Wasser-Luft«
Wo: zahlreiche Einstiegsmöglichkeiten rund um den See
Wann: ganzjährig

Essen & Trinken: zahlreiche Einkehrmöglichkeiten und Buschenschenken unterwegs
Web: www.woerthersee.com (dort gibt es auch nützliche Rad- und Wan-

derkarten zum Download)
Sonstiges: Wörthersee Tourismus, Villacher Straße 19, 9220 Velden, Tel. 0 42 74/38 28 80

lerer Berghügel nicht allzu weit vom Ufer entfernt ermöglicht Fernsicht und Überblick. Die vier Abschnitte »Feuer«, »Erde«, »Wasser« und »Luft« sind jeweils 9 bis 17 km lang und eignen sich durchaus als Tagesetappen. Gleich nach dem Start bei der Anlegestelle Klagenfurt steht der »Glühwürmchenbaum«, gedacht als feurig-künstlerische Lichtinstallation. Beim Bach der Maiernigg-Alm tummeln sich Feuersalamander. Von musikalischer Leidenschaft befeuert, hat sich Gustav Mahler hier in sein »Komponierhäuschen« zurückgezogen, der nächsten Besichtigungsstation. In Richtung Reifnitz beginnt nun die Abteilung »Erde« mit dem Naturschutzgebiet Spintik-Teiche: eine knapp 10 ha große romantische Wald- und Moorlandschaft. Wer immer schon mal Pflanzen wie das »gekniete Fuchsschwanzgras« oder den »gewöhnlichen Wasserschlauch« kennenlernen wollte – hier findet er sie. Oberhalb von Maria Wörth führt der Rundwanderweg zum Teixl- und Bärenkreuz mit schöner Aussicht. Bergab und am Trattnigteich vorbei erreicht man das Alban-Berg-Waldhaus, in dem unter anderem die Oper »Lulu« entstand. Alban Bergs ehemaliges Arbeitszimmer kann besichtigt werden. Spätestens beim Wasserspielplatz nahe der Veldener Bucht ist klar, dass der Abschnitt »Wasser« angebrochen ist. Kinder stauen einen Bach auf und überfluten danach ein Mini-Klagenfurt aus Beton – so wie es die Sage vom

»Wörthersee-Mandl« berichtet. Frischluft für die Füße bringt der Barfußweg mit Abkühlmöglichkeit im Mühlbach kurz vor Pörtschach, denn wir befinden uns längst in der Sektion »Luft«. Für eifrige Sammler von Wanderstempeln rückt jetzt das Wörthersee-Mandl-Abzeichen näher, sobald neun von zehn Stationen nachweislich erreicht wurden. Über den Gletschertopf, die Zillhöhe und durch einen Weinberg hindurch erreicht man wieder Klagenfurt.

Der Wörthersee-Rundwanderweg ist mit gelben Tafeln bestens ausgeschildert und wurde in der hier vorgestellten Form erst im Jahr 2010 fertiggestellt. Er führt über insgesamt gut 1800 Höhenmeter – für die gesamte Strecke sollte man rund 14 Wanderstunden einplanen.

Edle Tropfen, in der Sonne gereift.

Unterhaltsames Bordprogramm

Mondscheinfahrten mit Life-Musik, »Single Cruise« mit Latino-Tanzkursen und geselligen Spielen, kulinarische Genüsse auf der MS Klagenfurt als schwimmendem asiatischen Gourmet-Tempel mit Sushi bis zum Abwinken – Unterhaltung an Bord wird am Wörthersee mit seinen vier Linienschiffen groß geschrieben. Wenn etwa der Kapitän Josef Jeller während einer Frühschoppenfahrt auf dem Schrauben-Dampfer »Thalia« (Baujahr 1909) von den Zeiten erzählt, als Udo Jürgens trällernd mit dem Motorboot vorbeibrauste und Roy Black vor dem »Schlosshotel am Wörthersee« ankommenden Hotelgästen zuwinkte, dann ist der eine oder andere Heimatfilm in den Köpfen vieler Gäste gleich wieder gegenwärtig. Zwar mögen solche Anekdoten eher für die »Jungen von damals« interessant sein – der Käpt'n weiß aber auch, wie er die »Jungen von heute« begeistert: indem er sie zum Beispiel nach einer kurzen »Einschulung« ans Steuerrad lässt, wenn das Sichtfeld gerade frei ist. Rund eineinhalb Stunden dauert seine Linienfahrt über den 17 km langen See. Da bleibt Zeit genug, um einige der 54 Bauwerke am Ufer bestaunen zu können, die zu den Schmuckstücken der »Wörthersee-Architektur« zählen. Entstanden ist diese mit dem ersten Aufblühen des Kärnten-Tourismus als Folge der Eröffnung einer Bahnlinie ab Wien im Jahre 1864. Zum Zwecke der Sommerfrische wurden damals Kunstwerke wie das Werzer-Bad oder die Villen Wörth, Seehort, Seefried und Miralago gebaut.

Volle Kraft voraus: mit dem Thalia-Dampfer.

KARTE ▶ AH/AJ5

Was: Seerundfahrten, 16 Schiffsanlegestellen
Wo: Wörthersee Schifffahrt, 9020 Klagenfurt, Friedelstrand 3, Tel. 0463/2 11 55
Wann: Apr.–Okt.

Wie viel: Tages-Ticket Erwachsene 13 €, Kinder 8,50 €
Essen & Trinken: Frühschoppenfahrt auf dem Schrauben-Dampfer »Thalia«

MS Klagenfurt: Sushi »all you can eat«
Web: www.woerthersee schifffahrt.at
Sonstiges: Kinderprogramm »Zum Kapitän ans Steuerrad«

Kärntner Trio – Schwimmen, Radfahren, Laufen

Es muss ja nicht gleich der Ironman sein: Wer sich für die Kombination von Schwimmen, Radfahren und Laufen begeistert, für den bietet der Wörthersee genau die richtigen Voraussetzungen: eine angenehme Durchschnittstemperatur schon im Mai von 21 Grad (Luft) und rund 100 km ausgeschilderte Radlerrouten. Zum »Warmschwimmen« eignet sich die See-Überquerung von Reifnitz bis Krumpendorf, weil sie nur 1,2 km lang ist und eine durchschnittliche Kondition dafür ausreicht. Letzteres gilt auch für die vielen Spaß-Bewerbe rund um den See, bei denen Gäste stets willkommen sind. »Schwimmen statt baden« heißt z.B. eine Veranstaltung der größten Tageszeitung gemeinsam mit dem ORF und der Gemeinde Krumpendorf, die immer Ende Juli oder Anfang August stattfindet. Auf die schönste Art verbinden Rundkurse verschiedene Seen miteinander, etwa der 48 km lange

Nicht Berg-, sondern »Radvagabunden sind wir«.

Radweg R4 von und bis Velden: Nach der Fahrt entlang des Nordufers bis Klagenfurt dort nach Viktring abzweigen und 100 Höhenmeter hinauf ins Vier-Seental strampeln. Zum Abkühlen in den Keutschacher See springen und dann über Schiefling wieder nach Velden zurück bergab rollen lassen. Abkürzen/schummeln mit dem Linienschiff ist erlaubt! Eine kostenlose Radkarte fasst die 18 besten Trainingstouren für Fortgeschrittene zusammen und listet auch 37 Servicestellen für die Pannenhilfe auf. Die bequemste Variante sind E-Bikes, sie können gemietet und rund um den See an über 30 Strom-Tankstellen aufgeladen werden.

KARTE ▶ AH/AJ5

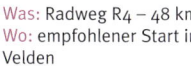

Was: Radweg R4 – 48 km
Wo: empfohlener Start in Velden
Wann: ganzjährig
Essen & Trinken: zahlreiche Einkehrmöglichkeiten und Buschenschenken

Web: www.woerther see.com (dort gibt es auch Rad- und Wanderkarten zum Download)
Sonstiges: R4 führt über die Keutschacher Seen (Anstieg 100 Höhenmeter).

Abkürzungen mit dem Linienschiff möglich.
E-Bikes ca. 12 € pro Tag.
Velden Tourismus,
Villacher Straße 19,
9220 Velden,
Tel. 0 42 74/21 03

»Herkules« sei dank: Mit List und Tücke brachte er Klagenfurts Lindwurm zur Strecke.

Die Schöne am See

Der Sage vom Lindwurm verdankt die Landeshauptstadt ihr ausgefallenes Kennzeichen: Ein steinerner Lindwurm aus dem Jahre 1582 wurde später zum Springbrunnen umfunktioniert. Er soll früher das Vieh der Bauern gefressen haben, bis ihn die stärksten Jungmänner mit einem Stier als Riesenköder listig zur Strecke brachten. Ihr Anführer wurde »Herkules« genannt und gegenüber vom Lindwurm ebenfalls in Stein gemeißelt. Sein Standort am »Neuen Platz« ist deshalb auch ein wichtiger »Standpunkt« des durch Österreichs älteste Fußgängerzone führenden Stadtrundgangs. Am »Alten Platz« entstanden die schönsten Arkadenhöfe der Stadt. Im Landhaus lohnt sich ein Besuch des großen und kleinen Wappensaals. Im Dom beeindrucken Hochaltar und die Kanzel von 1726. Das Stadttheater bietet Schauspiel und Musical auf hohem Niveau. Im ORF-Landesstudio Kärnten treffen sich alljährlich Literaten zum Ingeborg-Bachmann-Wettbewerb. Das Kärntner Landesmuseum präsentiert Geschichte und Volkskultur, das Museum Moderner Kunst Kärnten (MMKK) beschäftigt sich vor allem mit dem modernen Kunstgeschehen im Land. Weniger kulturell als landschaftlich reizvoll ist der schiffbare Lendkanal, der rund 6 km vom Seeufer hinein ins Stadtgebiet führt – ideal zum Joggen und Spazierengehen.

KARTE ▶ AJ4/5

Was: Stadtbummel
Wo: Klagenfurt
Wann: ganzjährig
Essen & Trinken: Bierhaus zum Augustin, Pfarrhofgasse 2, 9020 Klagenfurt, Tel. 04 63/51 39 92, zentrale Lage, gute österreichische Küche
Web: www.woerthersee.com, www.klagenfurt-tourismus.at
Sonstiges: Freibad Loretto Bucht mit schwimmender Seebühne und vielen Musik-Events, Klagenfurt Tourismus, 9010 Klagenfurt, Neuer Platz 1, Tel. 04 63/5 37 22 23

Die große, weite Welt – ganz nah und klein

Minimundus machts möglich: Rund 150 originalgetreue Modelle im Maßstab 1:25 – berühmte Bauten, Schiffe und Züge – säumen die Wege durch den 26 000 m² großen Park. Seit der Gründung (1958) wird er ständig erweitert: 2010 kamen zum Beispiel ein Leuchtturm, eine Insel und die österreichische Europa-Lokomotive dazu sowie der neue Kinderspielplatz mit schwimmendem Spielschiff, Rutschen und Sandburgen. Das Spielgelände ist vom ebenfalls neuen Café gut überschaubar. Es gibt auch ein Restaurant und einen Schnellimbiss auf dem Gelände. Für den »Kinder-Erlebnisweg« wurde ein Fragebogen ausgearbeitet – bei ausreichender Trefferquote gibt es eine Urkunde. Hauptattraktionen sind Nachbauten des Tadsch Mahal, der Oper in Sydney, der Freiheitsstatue in New York, Neuschwansteins oder der Peterskirche in Rom. Die sechs hauseigenen Modellbauer sind wahre Perfektio-

nisten – werden die Kunststücke aus einem entsprechenden Winkel fotografiert, sind sie vom Original kaum zu unterscheiden. Bonsais sowie kleine Palmen- und Kakteenarten verstärken die hübsche Illusion genauso wie »echter« Sand rund um Bauten in der Wüste. Bewegung in den Miniatur-Park bringen Züge mit »echtem« Dampf und elektrische Straßenbahnen. Ausgebaut wurde auch das Rahmenprogramm – von der Märchenerzählerin Emilia bis zum regelmäßigen Musikfrühstück. Bei überraschenden Wetterumschwüngen kann man sich in das Planetarium mit seinem künstlichen Sternenhimmel zurückziehen.

Weltwunder als Miniatur:
Pisas Piazza dei Miracoli.

KARTE ▶ AJ5

Was: 150 berühmte Bauten aus der ganzen Welt im Maßstab 1:25
Wo: Minimundus, 9020 Klagenfurt, Villacher Straße 241, Tel. 04 63/2 11 94-0

Wann: Apr.–Okt.
Wie viel: Erwachsene 13 €, Kinder 8 €
Essen & Trinken: je zwei Restaurants und Cafés auf dem Minimundus-Gelände
Web: www.minimundus.at

Sonstiges: Das Planetarium ist nur vom Minimundus-Gelände aus erreichbar. Der Reinerlös von Minimundus geht übrigens an die Aktion »Rettet das Kind« Kärnten.

Der Natur auf der Spur ...

... im artenreichsten Reptilienzoo Österreichs: Die rund 1000 Tiere, die es hier zu bewundern gibt, sind relativ friedlich, weil von Geburt an mit der Anwesenheit von Menschen vertraut. Sie stammen zum Großteil aus Nachzuchten des Happ-Zoos – von Spinnen über Schlangen und Fische bis hin zu Krokodilen. Letztere sind wahre Publikumslieblinge, weil sie sich beim Füttern streicheln lassen. Unter den 60 Schlangenarten tummeln sich Prachtexemplare wie die Königspython, Kobras oder Klapperschlangen. Auch Vogelspinnen gibt es zu bestaunen – sie jagen mit Unterstützung ihrer weichen, extrem dünnen Haare, mit denen sie Schallwellen, ausgelöst von potenzieller Beute, registrieren können. Ziel der Familie Happ ist der Abbau von Angst und Vorurteilen beim Zusammentreffen von Mensch und Reptil sowie die Vermittlung ihrer Schutzwürdigkeit. Für Polizei- und Feuerwehrleute werden spezielle Kurse abgehalten. Hinweis der guten Ordnung halber: Die Giftschlangen befinden sich im »Originalzustand«, haben also alle Giftzähne und -drüsen. Darüber hinaus gibt es aber auch eher vertrautes Getier – im Streichelzoo tummeln sich Kaninchen, Meerschweinchen & Co.

Der Sauriergarten auf dem Zoogelände enthält maßstabgetreue Nachbildungen, die Piranhas im Fischteich sind wiederum echt, genauso wie die Riesen-Schildkröten. Erkennbar begeistert zeigen sich die Besucher – rund 250 000 im Jahr.

Einige Arten der Krokodile können bis zu 10 m lang werden – im Reptilienzoo Happ leben eher kleine Exemplare.

KARTE ► AJ5

Was: Reptilienzoo mit ca. 1000 Tieren, Sauriergarten, Streichelzoo
Wo: Reptilienzoo Happ, 9020 Klagenfurt, Villacher Straße 237, Tel. 04 63/2 34 25

Wann: Sommer tgl. von 8–18 Uhr, Winter tgl. von 10–17 Uhr, Nov. geschlossen
Web: www.reptilienzoo.at (dort erfährt man auch Näheres zum Familientag mit seinen besonderen Aktionen – Waschbärstreicheln, Schlangen »hautnah« erleben etc.)
Sonstiges: Hunde (an der Leine) dürfen mit rein. Großer, kostenloser Parkplatz

Urlaub

Die Freiheit,

das Hier und Jetzt zu genießen

Wörthersee

Wörthersee Tourismus, Villacher Str. 19, 9220 Velden
Tel. +43/4274/38288, Fax DW -19 • info@woerthersee.com • www.woerthersee.com

KÄRNTEN

Immer Ärger mit Hochwürden

Die weithin sichtbare Kirche auf der Halbinsel Maria Wörth am Südufer des Wörthersees signalisiert Heiratswilligen: ein wirklich schönes Plätzchen, um den Bund der Ehe zu schließen. Vor allem im Frühjahr ist die Promi-Dichte unter den »Hochzeitern am laufenden Band« rund um den Traualtar schon beträchtlich. Ein Besuch der dreiteiligen Kirchengruppe lohnt sich aber das ganze Jahr über. In der spätgotischen Pfarrkirche (mit regelmäßigen Kirchen-Konzerten) thront eine Madonna aus dem

15. Jahrhundert, der goldene Hochaltar ist mit vielen Heiligenfiguren verziert. In der Winter- oder Rosenkranzkirche strahlen kostbare Glasfenster aus dem Mittelalter. Der romanische Karner und der malerische Friedhof runden das Ensemble ab. Von hier aus missionierten die Bischöfe des bayerischen Freising das im 9. Jahrhundert noch heidnische Kärnten. Maria Wörth mit seinen Ortsteilen Reifnitz, Dellach und Sekirn ist als Schauplatz der TV-Serie »Arzt vom Wörthersee« bekannt. Auch Heimatfilmklassiker wie »Immer Ärger mit Hochwürden« (1972, mit Peter Weck, Theo Lingen, Chris Roberts) wurden hier gedreht. In den letzten Jahren hat sich Maria Wörth auf Gesundheitsangebote spezialisiert. Golfer schätzen die herrliche Kulisse des 18-Loch-Platzes in Dellach und das Gesundheitszentrum Golfhotel in bester Hanglage.

KARTE ▶ AH5

Was: Halbinsel mit Kirchengruppe, Golf- und Gesundheitszentrum
Wo: 9082 Maria Wörth, Seepromenade 5,
Tel. 0 42 73/2 24 00
Wann: ganzjährig

Web: www.woerthersee.com,
www.maria-woerth.info,
www.woertherseetreffen.at
Sonstiges: Wörthersee Tourismus, Villacher Straße 19, 9220 Velden,

Tel. 0 42 74/38 28 80;
Tourismusinformation Maria Wörth,
Seepromenade 5,
9082 Maria Wörth,
Tel. 0 42 73/22 40-0

Höher, weiter, schöner

Der Pyramidenkogel ist mit 851 m für sich schon ziemlich hoch, und doch will man dort noch viel höher hinaus: Ein neuer hölzerner Aussichtsturm soll den höchsten Punkt um weitere 100 m aufstocken. Schon der in den Jahren 1966 bis 1968 errichtete, »nur« 54 m hohe Vorgängerbau erwies sich mit durchschnittlich gut 100 000 Besuchern in den vergangenen Jahren als echter Publikumsmagnet. Kein

Auf dem Holzweg? – Nein, auf dem Holzturm. Hier allerdings noch in Form eines Architektenmodells.

Wunder: Von oben hat man einen herrlichen Panoramablick über den ganzen Wörthersee inklusive Maria Wörth bis hin nach Klagenfurt. Im Süden sieht man bis zu den Karawanken, im Norden bis zu den Hohen Tauern. Nicht schlecht, aber bei den Zukunftsplänen geht es um mehr: um den »höchsten Holzturm der Welt«. Sechs Aussichtsplattformen für 360-Grad-Blicke, aufwendige Lichtspiele und Europas höchste (im Inneren des Turms verlaufende, 66 m über dem Grund beginnende) Rutschbahn sollen den geplanten Bau zu einem Turm der Superlative machen. Auch für das leibliche Wohl wird mit einem Turmcafé in luftiger Höhe und einem Restaurant auf der Eingangsebene gesorgt sein. Noch ist das alles Zukunftsmusik – das Datum der definitiven Fertigstellung wurde schon zweimal verschoben. Aber der Turm kommt bestimmt. Wer also eigens dafür anreisen möchte, der sollte sich zuvor im Internet darüber informieren, ob er bis dahin auch schon eröffnet wurde.

KARTE ▶ AH5

Was: 100 m hoher, verglaster Holzturm, höchste Rutschbahn Europas
Wo: Aussichtsturm Pyramidenkogel, 9074 Keutschach am See,
Tel. 0 42 73/22 91 14

Wann: Apr. + Okt. 10–18 Uhr, Mai + Sept. 9–19 Uhr, im Sommer 1–2 Std. länger
Essen & Trinken: Turmcafé, Restaurant
Web: www.keutschach.at, www.pyramidenkogel.info

Sonstiges: Neun »Winterhotels« rund um den See bieten Wellness-Urlaub kombiniert mit Wintersport auf benachbarten Bergen inkl. Transfers als Pauschal-Arrangements.

Natürlich, naturnah, naturbelassen

Der rund 3 km südlich von Maria Wörth gelegene, 2,7 km² große Keutschacher See ist durch sein großzügig gestaltetes FKK-Gelände bekannt geworden. Zu den vielen Extras im FKK Camping Sabotnik zählen das Sondergelände für Hundebesitzer, im FKK Müllerhof das sachkundig begleitete Programm »Fasten für Gesunde«. Beachvolleyball-Fans unter den Gästen »mit oder ohne Badehose« finden hier ebenso eine gepflegte Anlage wie Angler im See eine abwechslungsreiche, wohlschmeckende Beute. Neuankömmlinge erkunden das Gelände – das zu 70 Prozent Naturschutzgebiet ist – am besten mit dem Fahrrad, weil damit auch die kleineren Gewässer wie der Forst-, Saisser- sowie der Penkensee gut erreicht werden können. Im Keutschacher See gibt es eine Untiefe, in der Reste eines Pfahlbaudorfes erkennbar sind. Zum Keutschacher Vier-Seental gehören zudem noch der Hafnersee, der Rauchelesee (mit dem »Zauberwald«, einem Er-

lebnispark mit Märchenfiguren für Familien mit jüngeren Kindern) und der Bassgeigensee. Letzterer sieht von oben wie eine Bassgeige aus. Die klassische Wanderung auf dem Plateau oberhalb des Wörthersees beginnt beim Schloss Keutschach und führt in etwa zwei Stunden ohne nennenswerte Steigungen durch das 50 ha große Areal. Der rund 7 km lange »Naturerlebnispfad Keutschacher Moor« gewährt mit seinen 12 Stationen interessante Einblicke in die Entstehung der Landschaft, in die Tier- und Pflanzenwelt und in die Arbeit der Naturschützer vor Ort. Vielleicht bekommt man auch die sieben »Zugereisten« aus Ungarn zu sehen: Wasserbüffel, die das Zuwachsen der Moorfläche verhindern sollen und damit erkennbar erfolgreich sind.

KARTE ▶ AH/AJ5

Was: Naturschutzgebiet Keutschacher Moor, Wandern & Radeln, FKK
Wo: Vier-Seental südlich des Wörthersees
Wann: ganzjährig, FKK Camping: Mai-Sept.

Essen & Trinken: Buschenschank Liendl, 9074 Keutschach am See, Tel. 0 42 73/2 64 40, eigene Landwirtschaft mit viel Obst
Web: www.keutschach.at, www.woerthersee.com

Sonstiges: Tourismusbüro 4-Seental Keutschach, Keutschach 1, 9074 Keutschach, Tel. 0 42 73/2 45 00

Heckenlabyrinth Rosegg: Im Reich der 3000 Hainbuchen kann man sich schon verirren.

Besuch beim Geldfälscher Ritter von Bohr

Was hätten Sie denn gern: einen Park mit Irrgarten, ein Schloss aus dem 18. Jahrhundert, einen 24 ha großen Wildpark? Oder gleich alles zusammen? In Rosegg liegt das alles gleich nebeneinander – das erklärt die Beliebtheit des Ausflugsziels. Im Wildpark bewegen sich die meisten der 35 Tierarten – darunter Bisons, Steinbock und Luchs – frei rund um den Felshügel mit der Ruine Alt-Rosegg oben drauf. Der Kleintierzoo rund um den Kinderspielplatz hilft gegen Langeweile bei den Jüngsten. Für Spannung sorgt das nach englischer Parktradition betont symmetrisch geschnittene Rosegger Labyrinth mit seinen

vielen Sackgassen – vom Aussichtsturm aus klären sich die Wege am ehesten. Vier Lindenalleen führen zum Schloss von 1770. Dort grüßt im Wachsfigurenkabinett der grimmig dreinblickende Ritter von Bohr, einer der bekanntesten Geldfälscher seiner Zeit. Gleich anschließend an das Rosegger Gelände – noch innerhalb der Drauschleife südwestlich von Velden – bietet die »Keltenwelt Frög« ein rekonstruiertes Grab aus der Hallstatt-Zeit. Zu den archäologisch bedeutsamen Funden gehören Grabbeigaben aus Blei und ein Toten-Wagen. Ursprünglich waren hier einmal rund 500 bis zu sieben Meter hohe Grabhügel.

KARTE ▶ AH5

Was: Schloss mit Wachs-figurenkabinett, Irrgarten und Tierpark, Kleintierzoo
Wo: Schloss & Tierpark Rosegg, 9232 Schloss Rosegg 1, Tel. 0 42 74/5 23 57

Wann: Schloss & Labyrinth: Mai–Okt.; Tierpark: März–Nov.
Wie viel: 3er-Kombikarte für Schloss, Labyrinth und Tierpark: Erwachsene 15 €, Kinder 9 €

Web: www.rosegg.at
Sonstiges: Gleich nebenan ist die »Keltenwelt Frög« mit archäologisch bedeutsamen Funden, www.keltenwelt.at

Zwischen Wasserfall und Seilrutsche

Von der Bundesstraße 91 auf den Loiblpass in Richtung Slowenien zweigt südlich von Ferlach (mit sehenswertem Büchsenmacher-Museum) die Zufahrt zur Tscheppaschlucht ab. Vom Parkplatz sind es noch 20 Wanderminuten bis zur Schlucht, wofür man unbedingt feste Wanderschuhe braucht. Hängebrücken und Leitern führen durch das 1,2 km lange Gelände mit dem Tschaukofall als absolutem Höhepunkt: 500 Liter Wasser pro Sekunde stürzen hier 26 Meter in die Tiefe. Nach einer Stunde teilt sich dann der Weg in drei Richtungen: zum Gasthof »Deutschen Peter«, ins Bodental oder ins Bergdorf »Windisch Bleiberg«. Von allen Endpunkten besteht eine Busverbindung zurück zum Parkplatz. Überall am Wegesrand wachsen seltene Alpenpflanzen wie der Frauenschuh. Für Kinder ist das Gelände weniger geeignet, ganz im Unterschied zum »Waldseilpark Tscheppaschlucht« gleich am Taleingang, wo der Parcours Nr. 1 mit seinen acht Stationen schon ab 4 Jahre zugelassen ist. Der Parcours »Flying Fox/Tscheppa-Rutsche« setzt dann schon ein Mindestalter von 12 Jahren voraus, weil auf der Seilrutsche 300 m zurückgelegt werden – 42 m über dem Waldboden. Alle 6 Parcours mit 56 verschiedenen Elementen befinden sich in natürlicher Wald- und Baumumgebung über der Erde. Auch hier braucht man feste Schuhe, Sportkleidung – und ein gutes Nervenkostüm.

Sorgfältige Sicherung ist oberstes Gebot.

KARTE ▶ AJ5

🏛 🚶 ≈ 👪 ⚙

Was: Tscheppaschlucht mit Wasserfall und Steigleitern, Waldseilpark (6 Parcours, 56 Stationen)
Wo: Waldseilpark Tscheppaschlucht, 9163 Ferlach, am Anfang der Schlucht, Tel. 06 64/1 35 57 43
Wann: Mai–Mitte Juni u. Mitte Sept.–Okt. Sa, So, feiertags; Mitte Juni–Mitte Sept. tgl. 10–18 Uhr
Wie viel: Erwachsene 19 €, Kinder 16 €, bis 7 Jahre 7 €; es gibt auch Familienkarten
Web: www.ferlach.at www.waldseilpark-tscheppaschlucht.at

Das Idyll hat einen Namen: Diex.

Wehrhaft der Sonne entgegen

Mit durchschnittlich 2100 Sonnenstunden im Jahr nennt sich der Ort Diex auf der Saualpe, nördlich der Renaissance-Stadt Völkermarkt gelegen, stolz »sonnenreichster Ort Österreichs« – und bis jetzt hat noch niemand Einspruch erhoben. Die nebelfreie Lage auf 1159 m Seehöhe hat bestimmt auch ihren Anteil am sonnigen Ergebnis. Zugute kommt einem die viele Sonne nicht zuletzt auf dem acht höchst unterschiedliche, kunsthistorisch interessante Bauwerke verbindenden »Wehrwanderweg«. Knapp 20 km lang, beträgt die Gehzeit etwa vier unangestrengte Stunden. (Die Route ist übrigens auch als Mountainbike-Tour empfehlenswert.) Bester Ausgangspunkt ist gleich Diex selbst – dessen Wehrkirche mit spätgotischen Erweiterungsbauten besitzt zwei Rundtürme und einen trapezförmigen Torbau mit Schießscharten. Unterwegs kann man im Bio-Bauernhof Ladinig Südkärntner Spezialitäten für ein Picknick einkaufen oder im Landgasthaus Petschnighof auf der Sonnenterrasse gepflegt speisen.

KARTE ▶ AK4

Was: Themenwander- und Radweg entlang von Wehrkirchen und Festungen
Wo: Einstieg Wehrkirche Diex
Wann: ganzjährig

Essen & Trinken: Landgasthaus Petschnighof, 9103 Diex 6, Tel. 0 42 31/81 68, große Sonnenterrasse
Web: www.diex.gv.at
Sonstiges: Gemeindeamt

Diex, 9103 Diex 25, Tel. 0 42 3 1/81 11
Bio-Bauernhof Ladinig, 9103 Diex 139, Tel. 0 42 31/ 81 24, hofeigene Produkte aus kontrollierter biologischer Landwirtschaft.

Kärntens Schatzhaus

Auf einem Felskegel im Lavanttal nördlich von Bleiburg stand zunächst ein römisches Kastell, dann eine Burg der Spanheimer Ritter. Im Jahr 1091 begannen die Benediktinermönche vom berühmten Kloster Hirsau im Nordschwarzwald mit dem Aufbau einer Abtei. Heute enthält sie die bedeutendste private Kunstsammlung Österreichs und die zweitgrößte Bibliothek des Landes. Die romanische Basilika mit Freskenschmuck u. a. von Michael Pacher ist auch die letzte Ruhestätte der ersten Habsburger-Könige. Nach einer Renovierung für die Europa-Ausstellung im Jahr 2009 können nun bei einem Rundgang alle Epochen von der Antike bis zum Hochbarock anschaulich nachvollzogen werden.

»Kärntens Schatzhaus« – diese Bezeichnung verdankt das Benediktinerstift St. Paul unter anderem den Ölbildern des Barockmalers Kremser Schmidt und einzigartigen Exponaten wie einem gotischen Buchdeckel mit Elfenbein-Relief. Auch die Grafiksammlung mit rund 30 000 Blättern und Werken von Rubens, Rembrandt und weiteren Meistern ist von enormer kunsthistorischer Bedeutung. Einen Schatz haben die Benediktiner aber weggegeben: Ihre Gutenberg-Bibel mussten sie wegen vorübergehenden Geldmangels in den 1930er-Jahren in die USA verkaufen – seitdem schwören US-Präsidenten ihren Amtseid auf die auch als »B 42« bekannte Bibel (die Zahl 42 steht für 42 Zeilen) von St. Paul.

Um 1623 entstand Van Dycks »Heilige Familie« im Benediktinerstift St. Paul.

KARTE ▶ AM4

Was: Benediktinerstift mit romanischer Basilika, größte private Kunstsammlung Österreichs
Wo: Benediktinerstift St. Paul, 9470 St. Paul, Tel. 0 43 57/20 19

Wann: ganzjährig
Essen & Trinken: Das Restaurant »Art-Trium« bietet Geschmackvolles nach historischen Kochrezepturen
Web: www.stift-stpaul.at

Sonstiges: Vinum Paulinum: Von den begünstigten Lagen des Lavanttales stammen die beliebten Weine der Domäne Stift St. Paul. Verkauf und Weinverkostung auf Anfrage.

»Der Fuchs ist los.«

Reiny Reineke schickt fuchsige Grüße

»Im Wald sind keine Räuber«, behauptete einst Astrid Lindgren, aber dass man im Wald was erleben kann, hätte sie nicht bezweifelt: jedenfalls dann nicht, wenn sie die Walderlebniswelt Klopeiner See besucht hätte: Auf dem etwa drei Fußballfelder großen Gelände gleich neben dem Tourismusbüro in St. Kanzian ist nämlich seit 2009 »der Fuchs los« – Reiny Reinecke, dessen 100 m langer Bau zu den beliebtesten Stationen dieser Walderlebniswelt zählt. Besuchern, die hier gern mal auf die »schiefe Bahn« geraten wollen, seien die Riesenrutschen empfohlen, die 2010 durch einen Rutschenberg erweitert wurden. Neu hinzu kam auch ein »Balancierpfad« mit knapp über dem Boden montierten Holz-Pflöcken – hier lässt sich der Gleichgewichtssinn bestens auf die Probe stellen. Sehr beliebt ist zudem der 500 m lange Baumwipfelpfad: Dieser führt in bis zu 28 m Höhe über exakt 657 Stufen. Von oben hat man auch einen guten Überblick über den Irrgarten, was bei der Orientierung aber nicht unbedingt hilft: Denn die »hölzernen« Gänge können umgestellt werden – so ändert sich der »richtige« Weg regelmäßig, und dann kommt man doch nicht so schnell aus dem Labyrinth heraus.

KARTE ▶ AK5

Was: Baumwipfelpfad, begehbarer Fuchsbau, Rutschenberg
Wo: 9122 St. Kanzian, Schulstr. 8,
Tel. 0 42 39/2 60 05
Wann: Mai–Sept. tgl.

10–17 Uhr, Apr. + Okt.
Fr–So 10–17 Uhr (wetterabhängig)
Wie viel: je nach Alter 3,50–8,50 €
Web: www.walderlebnis welt.at

Sonstiges: Zum Entspannen laden ein kleiner Tierpark mit Streichelabteilung ein und der »tierische« Walk of Fame mit Spuren vierbeiniger Stars à la Hollywood.

Stollen-Biken im Bergwerksstollen

Seit Kurzem können Bergwerksstollen auch mit Mountainbikes befahren werden: »Stollen-Biken« haben das findige Köpfe genannt – es muss ja alles ein Etikett haben. Das Ganze ist aber keineswegs eine Frage der Etikette – das macht einfach Spaß: Los geht's zunächst im Kleinbus von St. Kanzian auf der Landesstraße Nr. 81 in Richtung slowenische Grenze zum Petzen-Gebirge. Beim Stolleneingang bekommen dann die Teilnehmer auf ihren Privat- oder Leihrädern von den beiden Guides Grubenhelm und Stirnlampe verpasst. Im rund 7 km langen, bis zu 600 m tief unter die Erde führenden Stollen beträgt die Luftfeuchtigkeit 95 % bei konstant 10 Grad Celsius. Engstellen wechseln sich mit 30 m hohen Felsdomen ab, die lichte Höhe beträgt zumeist 7 m. Der krönende Abschluss ist eine

15 Minuten lange »Downhill«-Strecke zum Bergwerksmuseum in Mezica (Slowenien) mit kurzer Führung. Auf so ungewohntem Terrain dauert der Aufenthalt im aufgelassenen Bergwerksstollen gut zwei Stunden, diverse Erkundungsstopps der frisch gebackenen »MTB-Kumpel« inklusive. Nach der Rückfahrt werden handsignierte Urkunden verteilt – sonst glaubt das ja niemand zu Hause …

Erkundung der Unterwelt: Mit Gummistollen fährt es sich hier viel besser.

KARTE ▶ AK5

Was: mit dem Mountainbike durch aufgelassene Bergwerksstollen
Wo: Pongratz Touristik, 9122 St. Kanzian, Ostuferstr. 9, Tel. 0 42 39/32 45

Wann: Apr.–Okt. und auf Anfrage
Wie viel: ab 49 € (mit Leih-Bike 59 €) inkl. Transfers und Guides
Web: www.stollenbiken.at, www.sportcenter.at

Sonstiges: Die Hauptanlegestelle der Drau-Schifffahrt »St. Kanzian« mit dem Flaggschiff MS Magdalena liegt gleich neben der Draubrücke am westlichen Ortsausgang.

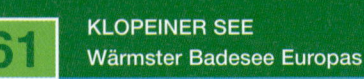

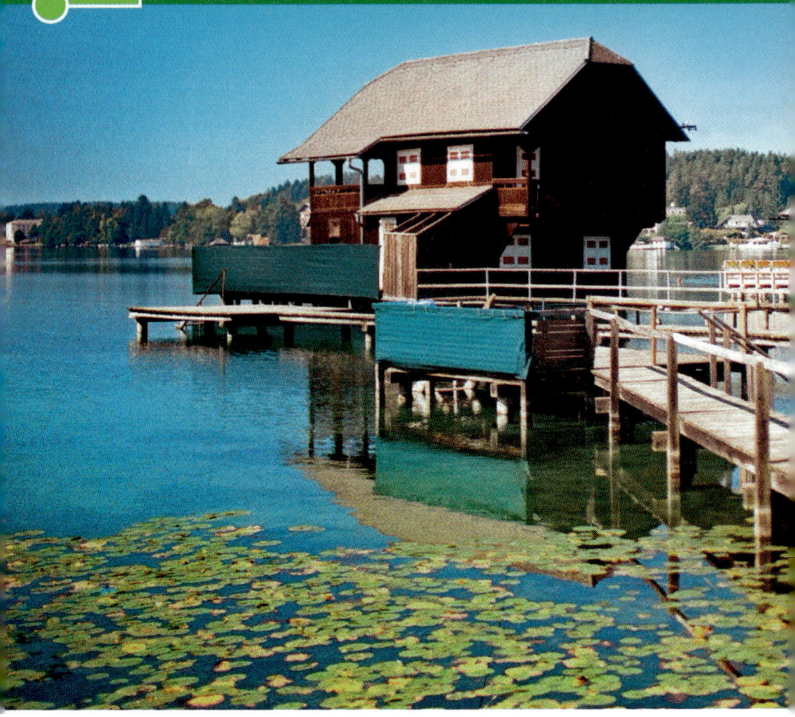

Warmbadewanne und Wasserspielwiese

»Wasserspielwiese« ist wohl die treffende Bezeichnung für einen der wärmsten Badeseen Europas – mit Temperaturen bis zu 28 Grad und Trinkwasserqualität. Denn auf dem 1,1 km² großen See wird eine kunterbunte Palette von Aktivitäten rund ums Wasser angeboten: Dazu gehört zum Beispiel das »Stand-up-Paddeln«, bei dem man auf einem Surfbrett steht und fleißig paddelt. »Aqua-Skipper« nennt man hier einen Drahtesel auf einem Schwimmkörper, bei dem die Fortbewegung

KARTE ▶ AK5   ✗ ≈ 👫

Was: umfangreiches Wassersportprogramm mit Trendsportarten, zwölf öffentliche Strandbäder
Wo: Klopeiner See
Wann: Apr.–Okt.
Essen & Trinken:

Gasthof Mochoritsch, 9123 St. Primus, Rückersdorf 5, Tel. 0 42 37/22 12, Schnitzel & Co.
Web: www.klopeinersee.at
Sonstiges: Zwei allwettertaugliche Bummelzüge für

diverse Rundfahrten, z.B. rund um den Klopeiner See. Tourismusregion Klopeiner See, 9122 St. Kanzian am Klopeiner See, Schulstraße 10, Tel. 0 42 39/22 22

In der Ruhe liegt die Kraft des Sees: Boots- und Badehäuser bei Unterburg.

nur durch heftiges Wippen mit einer Art Schwanzflosse aus Metall möglich ist. Was sich leichter anhört, als es ist – man kann damit ziemlich leicht umfallen. »Abgehoben« auch im wörtlichen Sinne ist das »Bungee-Jumping« über dem See – bei einem Sprung von einem Baukran aus. Und das ist noch nicht alles: Zur »Wasserspielwiese« gehören auch klassische Aktivitäten wie Kanu und Kajak fahren oder Tauchen und Fischen. Ebenso Surfen – einschließlich einem vorbereitenden Training am Simulator und einer 12-stündigen Ausbildung zur Erlangung des internationalen Surf-Grundscheines. Apropos erlangen: Die Schwimmschule von Sepp Wutte veranstaltet Kurse für Frei-, Fahrten- und Helfer-Schwimmer, deren Abschlüsse auch vom DLRG anerkannt werden. Zwölf öffentliche Strandbäder reihen sich entlang der Seepromenade wie Perlen auf. Einmalig in Österreich: Dies ist die einzige Promenade rund um einen See, die ganz ohne Unterbrechung durchgängig begehbar ist. Ebenfalls einmalig: Als einziger See in Europa besitzt der Klopeiner See eine Tiefenwasser-Ableitung, die sauerstoffarmes bzw. nährstoffreiches Wasser vom Seegrund abpumpt. Zusätzlich ist auch hier der Einzugsbereich des Sees komplett kanalisiert.

Wo es quakt, zwitschert und summt

Am benachbarten Turner See – 3 km südlich des Klopeiner Sees – geht es etwas beschaulicher zu. Er ist zwar um gut die Hälfte kleiner, hat aber dafür ein großes öffentliches Bad mit 10 000 m² Fläche, viel Schatten und einem umfangreichen Spielplatz. Ab und zu tauchen Karpfen auf und lassen sich sogar streicheln, wenn es was zum Futtern gibt. Bekannt ist der Turner See vor allem für zweierlei: für sein unberührtes Feuchtmoor und für seinen beeindruckenden Vogelpark.

Das Natur- und Europaschutzgebiet »Sablatnig-Moor« hat denselben nacheiszeitlichen Ursprung wie der Turner See und ist im Grunde ein verlandeter Teil von ihm. International bekannt wurde es durch die Aufnahme in den Ramsar-Katalog (Konvention zum Schutze bedeutender Feuchtgebiete). Rund 200 verschiedene Tier- und Pflanzenarten können zum Beispiel vom Bootshaus oder vom Aussichtsturm aus beobachtet werden. Neben Brutvögeln wie Pirol oder Eisvogel tauchen in den Frühjahrs- und Herbstzügen sogar Silberreiher, Fischadler und Rötelfalken auf. Die Flora zeichnet sich durch seltene Pflanzen aus – bestimmte Orchideen etwa oder »Fleischfresser«. Vom warmen Mikroklima profitieren auch Bewohner und Besucher des Vogelparks – hier leben über 340 Vogelarten, darunter Edel-Papageien und Gelbbrust-Aras. 2010 neu hinzugekommen: ein Terrarium im Eingangsbereich mit Reptilien wie dem Stachelschwanz-Waran. Daneben gibt es einen Streichelzoo (keine Vögel oder Reptilien!) – dessen durchwegs zahme Bewohner sich im Wortsinn auf den Arm nehmen lassen; füttern ist ausdrücklich erwünscht! Zum Austoben zwischen-

---

KARTE ▶ AK5

Was: Natur- und Europaschutzgebiet Sablatnig-Moor (200 Tiere und Pflanzen), Vogelpark mit 340 Vogelarten, Naturblumen-Erlebnispark mit 50 000 Pflanzen

Wo: Turner See, Sonnegger See
Wann & wie viel: Sablatnig-Moor Mai–Sept., Besuch mit/ohne Führungen Di–Sa nach vorheriger Anmeldung, Erwachsene 5 €, Kinder 2,50 €; Vogelpark Mitte Apr.–Mitte Okt., Erwachsene ca. 10 €, Kinder ca. 5 € Naturblumen-Erlebnispark Apr.–Okt. tgl. 9–18 Uhr, Erwachsene/Kinder 7/3,80 €

Sie hören nichts? Nein? Da, ganz hinten im Naturschutzgebiet, da rührt sich was!

durch kann der Spielplatz genutzt werden – die dortige Kanonenschuss-Anlage macht vor allem experimentierfreudigen Kindern einen Höllenspaß.

Der nächste Nachbarsee in Richtung Süden heißt Sonnegger See und liegt tatsächlich in einer Sonnenecke. Die rund 50 000 Pflanzen des Naturblumen-Erlebnisparks mögen die Wärme. Themengärten wie die japanische Ahorn-Lichtung, der Hortensien-Wald oder der Nasch-Garten machen den Besuch des 4 ha großen Areals oberhalb des Sees besonders abwechslungsreich. Zur Vielseitigkeit tragen auch Kraftplätze wie der »Weidendom« bei sowie die »Sinnespfade«, das »Keltische Baumhoroskop«, der »Barfußweg« oder eine spannende »Rätsel-Rallye«.

Tipp: Der Naturblumen-Erlebnispark verleiht Picknickkörbe mit einer Kärntner Jause und Getränken nach Wahl. Also: Entsprechend viel Zeit für eine Pause einplanen und sich dann nur noch ein gemütliches Plätzchen irgendwo zwischen den 5000 Pflanzensorten suchen!

Essen & Trinken: Gasthof Sablatnig-Hof, Fam. Roscher, 9141 Eberndorf, Hof 1, Tel. 0 42 36/21 97, eigene Landwirtschaft, regionale Spezialitäten, Terrasse

Web: www.sablatnigmoor.at, www.vogelpark.at, www.blumen-erlebnispark.at

Sonstiges: Tourismusverein Eberndorf, 9141 Eberndorf, Kirchplatz 1, Tel. 0 42 36/22 21; Besucherzentrum »Tomarkeusche-Sablatnig-Moor« in Hof bei Eberndorf, Tel. 0 42 36/24 97

Tanz dich frei

Den guten alten Foxtrott aufwärmen, mehr Schwung in den persönlichen Rechts-Walzer hineinbringen oder die Köperhaltung beim Tango verbessern – wäre das nicht die perfekte Urlaubsbeschäftigung? Der Sportwissenschaftler, Trainer für Tanzsport und Wertungsrichter Michael Baumann offeriert hierfür das passende Angebot im Tanzhof zu Eberndorf, einer romantischen Bauernscheune mit modernster Innenausstattung zwischen Klopeiner und Turner See. Gemeinsam mit der Tanzpädagogin und Dancing-Stars-Finalistin Babara (»Babsi«) Koitz begeistert er alle Alters- und Talentgruppen. Bei dem Programm »Tanz ohne Partner« werden z.B. lateinamerikanische Tänze vor einem großen Spiegel eingeübt, wobei sich dann niemand mehr auf die beiden angeblich »linken Füße« des Partners herausreden kann. Auch Privatstunden können bei den Trainern gebucht werden; wer einen

Perfektes Tanzpaar: Michael Baumann und Barbara Koitz.

Wochenendkurs bucht, kann gleich neben dem Tanzhof in der dazugehörigen Pension wohnen. Auch Kinder ab drei Jahren dürfen schon Kurse belegen (in Gruppen für 3- bis 6- und 6- bis 12-Jährige) – getreu dem Motto, es ist nie zu früh, mit dem Tanzen anzufangen. Zu spät ist es allerdings auch nie: In der Hochsaison besteht die Möglichkeit, zweimal die Woche bei Übungsstunden »reinzuschnuppern«. Und dann am besten gleich mitzumachen!

KARTE ▶ AK5

Was: Tanzabende, Wochenend- und Wochenkurse, für Kinder und Erwachsene
Wo: Tanzhof Michael Baumann, 9141 Eberndorf, Oberburg 3,

Tel. 06 99/12 59 92 43
Wann: laufend Kurse und Tanzabende, Privatunterricht nach Vereinbarung
Web: www.tanzhof.at
Sonstiges: Für Fortgeschrittene werden Seminare, etwa zu Themen wie »Persönlichkeitsentwicklung durch Tanz«, angeboten. An zwei Tanzabenden in der Hauptsaison kann man sein tänzerisches Können auffrischen.

Nicht nur Fischers Fritze fischt frischen Fisch

Schon allein das »richtige« Essen von Fischen mag eine Kunst sein – sich mit ihnen von der Geburt bis zur letzten Station auf dem Speiseteller auseinanderzusetzen, ist noch viel interessanter. Den richtigen Zugang zum Fisch bietet Milan Wutte, weil er vom Ort St. Primus aus (nur 5 km vom Klopeiner See entfernt) in weniger als einer Autostunde drei Flüsse und sieben Seen im Dreiländereck für seine »Fischzüge« erreicht. Für Fischnachwuchs sorgt er auch selbst durch eigene Züchtung. Logisch, dass er auch Fische »verarbeitet« und mit seinen geräucherten Forellen von hier aus Österreichs Spitzengastronomie beliefert. Für Angler und diejenigen, die es werden wollen, bietet Milan Wutte verschiedene Kurse an. Anfänger erlernen in zwei Tagen Fliegenfischen, Leihgerät wird gestellt. Für Kinder gibt es spezielle Schnupperangebote. Fortgeschrittene schlagen sich mit bis zu 20 kg schweren Karpfen herum oder versuchen, den schlauen Hecht zu überlisten. Fischreviere sind Flüsse wie Vellach und Kleine Drau oder Gewässer wie Sonnegger oder Turner See; reichlich Beute findet sich auch auf slowenischem und italienischem Gebiet.

So kommt der Fisch auf den Teller.

KARTE ▶ AK5

Was: Angeltouren und Kurse für Fried- und Fliegenfischen
Wo: Hotel-Pension Wutte, 9123 St. Primus, Vesielach 1 am Turner See, Tel. 0 42 39/28 69

Wann: ganzjährig, je nach Schonzeit
Web: www.alpe-adria-fischerei.at, www.familienerlebnis.at
Sonstiges: In der Hotel-Pension der Familie Wutte

wird nach erfolgreicher Jagd auch erklärt, wie etwa das Vakuumverpacken funktioniert und welche Küchentricks für Hobbyköche im Dreiländer-Eck nachahmenswert sind.

Luftschlösser für Bären

Seit ein paar Jahren gibt es im Dreiländereck Österreich-Slowenien-Italien wieder echte Bären – für den Einsatz als Tourismusmagnet sind die scheuen und eher nachtaktiven Tiere allerdings ungeeignet. Deshalb wird im Laufe des Jahres 2011/2012 auf dem Hochplateau der Petzen – ein Gebirgsmassiv 15 km Luftlinie südwestlich vom Klopeiner See – auf 1700 m Höhe eine fünfköpfige »künstliche« Bärenfamilie ins Leben gerufen, die ab Bergstation der Petzen-Seilbahn den ganzen hellen Tag zur Verfügung steht – mit zwei Natur-Spielbereichen, Wasserspielen, einem Erlebniswald für alle Sinne und Höhlen-Installationen mit raffinierter Technik. Eine Aussichtsplattform sowie die Hängebrücke über den Speichersee und das Luftschloss (ein Baumhaus) bieten beste Überblicke. Tatzenspuren weisen den rechten Weg, der einige Ecken und Kanten hat, weil er dem Sternbild des Großen Bären nachgebildet ist. »Slacklines« – zwischen Bäumen gespannte Bänder – regen zu Balancierversuchen genauso an wie Rutschen, Indianerleitern und gesicherte Klettersteige. Der 180 m lange Wasserlauf mit seinen 17 Spielstationen kann gestaut und umgeleitet werden. Als Quelle dient der hübsche Speichersee, gebaut für die Schneeproduktion im Winter. Der Haupt-Rundweg des Spielgeländes ist barrierefrei, Gastronomie mit vielseitigem Angebot auf dem Gelände vorhanden.

Zeigt her eure Füßchen – bei Bären wären's Tatzen.

KARTE ▶ AL5

Was: Petzen Erlebnispark
Wo: St. Michael ob Bleiburg, Tel. 0 42 35/2246
Wann: Juni–Mitte Okt.
Wie viel: Eintritt frei, Berg- und Talfahrt Seilbahn ca. 15 €, Kinder 9 €

Essen & Trinken: 3 km vor der Petzen-Talstation: Gasthof-Pension Loser, 9143 St. Michael Nr. 16, Tel. 0 42 35/2519. Bestseller: Kalbsbraten
Web: www.petzen.net

Sonstiges: Reizvolle Passstraße Seebergsattel als »grüner« Grenzübergang nach Slowenien, erreichbar über die Bundesstraße Nr. 82 ab Sittersdorf.

Coole Tour zur Kultur

Mehr künstlerische Abwechslung während einer Fahrradtour ist kaum vorstellbar – da gibt es die Skulptur »Kreisverkehr« (eine Metallpyramide), einen Bildstock mit moderner Malerei, das Jugendstil-Freibad und den revitalisierten Bleischmelzofen. Zur Wahl stehen zwei Touren mit insgesamt 36 Stationen. Für die jeweils 25 km langen Strecken sollten je zwei bis drei Stunden reine Fahrtzeit eingeplant werden. Geführte Touren starten im Zentrum von Bleiburg beim Kiki-Kogelnik-Brunnen, den die berühmte einheimische Popart-Künstlerin selbst entworfen hat. Noch in Bleiburg sollte das »monografische Museum« des aus Wuppertal stammenden Künstlers Werner Berg besichtigt werden – viele seiner Skizzen aus dem bäuerlichen Alltag sind hier entstanden, da er fünf Jahrzehnte als Maler und Bauer nahe Bleiburg gelebt hat.

Sicherlich die beste Empfehlung, sich in Kärnten mit moderner Kunst auseinanderzusetzen, ist ein Abstecher zum »Liaunig Museum« in Neuhaus, das nur 4 km vom Kunst-Radweg entfernt liegt (Abzweigung bei der Hängebrücke Santa Lucia). Die 350 Exponate veranschauli-

Bleiburg: Kiki Kogelniks Freyungsbrunnen.

chen den kulturellen Neubeginn Österreichs nach 1945. Im vom Tageslicht durchfluteten Galerietrakt des Museums finden sich Werke von Herbert Boeckl, Fritz Wotruba, Hans Fronius, Franz Ringel und Arnulf Rainer. Hinzu kommen weitere Werke bekannter ausländischer Maler und Bildhauer. Einen optischen Kontrast bildet der 350 m große, schwarze Kubus mit 600 Kult- und Schmuckobjekten afrikanischer Königsstämme aus dem 19. und 20. Jahrhundert. Ebenfalls in Neuhaus kann eine original wiederhergestellte Wassermühle aus dem 19. Jahrhundert besucht werden, an die eine Kneippoase für Wassertreter angeschlossen ist.

KARTE ▶ AL5

Was: zwei Radeltouren mit insgesamt 36 Kulturstationen, je 2–3 Std. reine Fahrzeit	Tel. 06 64/1 36 03 68, Treffpunkt: Kiki-Kogelnik-Brunnen in Bleiburg	Bleiburg, 9150 Bleiburg, 10. Oktober-Platz 1, Tel. 0 42 35/2 11 00;
Wo: rund um Bleiburg	Web: www.bleiburg.at,	Verein Kunst-Radweg, 9150 Bleiburg,
Wann: Apr.–Okt. geführte Touren nach Vereinbarung,	www.kunst-radweg.at, www.museumliaunig.at **Sonstiges:** Stadtgemeinde	Fleissleiten 12, Tel. 0 42 35/33 45

Walken wie die Weltmeister

Die Petzen ist ein Zweitausender, neben dem Hochobir wichtigster Sportberg der Region und zugleich ein Teil der Karawanken. Jeden September werden hier die Nordic-Walking-Weltmeisterschaften ausgetragen – sogar mit eigener Klasse »Fun Walker« für Hobby-Geher und gute Anfänger. Wer das ganze Jahr über »auf den Spuren der Weltmeister« walken möchte, für den ist die Strecke »Cross Country« sehr gut ausgeschildert. Sie verläuft über 21 km in kupiertem Gelände bei nur 70 m Höhenunterschied bunt gemischt über Asphalt-, Schotter- und Waldwege. Dafür sollten etwa drei Stunden veranschlagt werden – Start und Ziel in St. Michael ob Bleiburg. Für den Abschnitt »Nordic Hill Walking« ist ein guter Trainingszustand von Vorteil, denn das Ziel ist diesmal der Petzen-See bei der Seilbahn-Bergstation – ein richtig großer »Nordic Hill«. Für die 2,3 km mit 1200 Höhenmetern sind zwei ziemlich anstrengende Stunden einzuplanen. In der Region Klopeiner See/Südkärnten sind für Nordic Walker elf Routen mit insgesamt 105 km Länge ausgeschildert und in einem eigenen Folder beschrieben. Für fortgeschrittene »klassische Wanderer« ist der Petzen-Gipfel etwa über den Walter-Mory-Klettersteig erreichbar – am besten im Rahmen einer geführten Tour (Helm- und Sicherungspflicht). Übungsmöglichkeiten dafür bietet ein Kletterturm in St. Michael.

Im Winter hat sich die Petzen mit 20 km Pisten bis 1700 m Seehöhe als Familien-Skigebiet einen Namen gemacht. In der Region werden darüber hinaus rund 120 km Langlauf-Loipen präpariert.

Die geh'n am Stock?

KARTE ▶ AL5

Was: elf Nordic-Walking-Strecken, insgesamt 105 km
Wo: zwischen Feistritz und Bleiburg
Wann: ganzjährig, je nach Witterung

Essen & Trinken: »Altes Brauhaus« Breznik, 9150 Bleiburg, Hauptplatz 9, Tel. 0 42 35/20 26
Web: www.sc-petzen.at, www.klopeinersee.at
Sonstiges: Nordic-Walking-Treffs mit kostenlosen Instruktionen, Do 18.30 Uhr an der Volksschule St. Kanzian, Di 18.30 Uhr am Sportplatz in Gattersdorf bei Völkermarkt.

Der Kranich auf dem antiken Mosaik-
boden vom Hemmaberg symbolisiert eine
naturnahe Vorstellung vom Paradies.

Komfort-Radeln zur Kultstätte

Der Hemmaberg nahe Globasnitz ist
842 m hoch, heilig, und seine Befes-
tigung aus dem 5. Jahrhundert ist
eine wichtige Ausgrabungsstätte aus
der Zeit des frühen Christentums mit
Spuren, die eindeutig auf ein kelti-
sches Pilgerheiligtum hinweisen.
Sechs Gotteshäuser inklusive Tauf-
kirche wurden freigelegt, Teile des
Mosaikbodens blieben erhalten und
können noch besichtigt werden. Im
15. Jahrhundert kam eine spätgoti-
sche Wallfahrtskirche hinzu. Ein be-
schilderter Weg mit Infotafeln führt
durch das 10 000 m² große Ausgra-
bungsgelände des größten frühchristlichen Pilgerzentrums in Mit-
teleuropa. Benannt wurde der Berg
nach einer Adligen, der im Jahr
1938 von Papst Pius XI. heilig ge-
sprochenen, als Landesmutter und
Schutzfrau von Kärnten verehrten
Hemma von Gurk, die zu Beginn
des 11. Jahrhunderts mehrere Klös-
ter gründete. Das neue Pilgermuseum in Globasnitz bietet auf zwei
Etagen interessante Einblicke in
das römische und ostgotische klös-
terliche Kulturschaffen – etwa in
Form rekonstruierter Ölgemälde
und Mosaiken. Ein Modell des
Hemmabergs dokumentiert die beeindruckenden Abmessungen dieser frühchristlichen Architektur.
Über eine Holztreppe in der Fels-
wand unterhalb der Ausgrabungen
gelangt man in die Rosaliengrotte,
Kultstätte für die Pestheilige Rosalia. Die Strahlenfelder dieser kleinen Höhle sollen jenen von Lourdes
entsprechen, und die Quelle wird
von glaubwürdigen Fachleuten als
gesundheitsfördernd eingestuft.
Alle Kraftplätze oben am Berg erreicht man am bequemsten mit
einem E-Bike, das in Globasnitz
gleich neben dem neuen Pilgermuseum gemietet werden kann.

KARTE ▶ AL5

Was: Radeltour zu frühchristlichen Kultplätzen
auf dem Hemmaberg
Wo: Start beim neuen
Pilgermuseum in
9142 Globasnitz (mit Fahr-
rad-Verleih)

Wann: Apr.–Okt.
Web: www.klopeinersee.at,
www.museum-
globasnitz.at
Sonstiges: Rosaliengrotte
unter dem keltischen
Pilgerheiligtum auf dem

Hemmaberg: Anbetungs-
stätte für die Pestheilige
Rosalia;
Tourismusregion Klopeiner
See, 9122 St. Kanzian-
Seelach, Schulstraße 10,
Tel. 0 42 39/22 22

Tropfsteinhöhlen Obir und Griffen

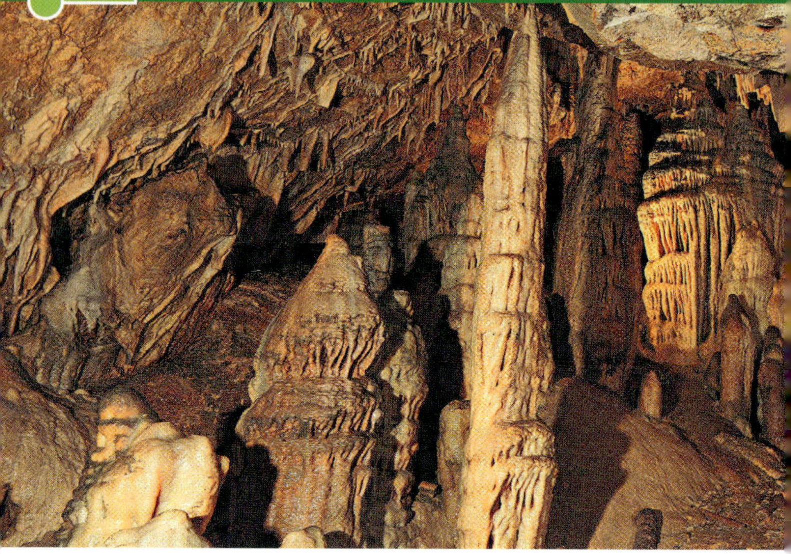

Von Stalagmiten und Stalaktiten

In der Obir-Höhle gibt es die ideale Gelegenheit, endlich Stalagmiten und Stalaktiten zuverlässig voneinander unterscheiden zu lernen, denn die Studienobjekte sind in reichlicher Zahl vorhanden. Was wächst von unten nach oben bzw. umgekehrt? Die »-titen« hängen wie ein spitzes »T« immer von oben herunter, und die »-miten« mit ihrem breiten »M« als Basis wachsen von unten hinauf. Entdeckt wurde die Höhle zufällig im Jahr 1870 auf der Suche nach Blei und Zink. Danach schaffte sie es sogar als Motiv auf eine Briefmarke der österreichischen Post.

Erreichbar ist die Höhle ab Bad Eisenkappel mit Zubringerbussen über 24 km Distanz – eine direkte individuelle Zufahrt für private PKWs gibt es nicht. Der Rundgang durch die Höhle mit einer Gesamtlänge von 1,3 km bietet auf acht Stationen Einblicke in 200 Millionen Jahre Erdgeschichte. Multime-

KARTE ▸ AK5

Was: zwei Tropfsteinhöhlen mit Licht- und Klanginstallationen
Wo: Obir-Höhle (Treffpunkt Hauptplatz 7, Bad Eisenkappel, Info: 9125 Bad Eisenkappel, Tel. 0 42 38/82 39 13); Griffener Höhle, Info: 9112 Griffen, Tel. 0 42 33/20 29
Wann: Obir-Höhle: Apr.–Okt.; Griffener Höhle: Mai–Okt.
Wie viel: Eintritt & Bustransfer: Erwachsene 20 €, Kinder 11 €
Web: www.hoehlen.at, www.tropfsteinhoehle.at
Sonstiges: Höhlentemperatur ca. 8 Grad

Die Obir-Höhle zählt zu den wichtigsten Naturdenkmälern Österreichs.

diale Lichtinstallationen verstärken die Raumwirkung, begleitet von Klängen aus Werken von Johann Sebastian Bach – beeindruckend, weil eine der Sinter-Fahnen tatsächlich wie eine Orgel aussieht. 2008 wurde die technische Ausstattung komplett renoviert und mit HDTV-Kameras ausgestattet. Besichtigungen sind nur mit Führung möglich – die Gesamtdauer inklusive Transfers und Führung beträgt ca. drei Stunden.

Die Griffener Tropfsteinhöhlen liegen 33 km weiter nördlich und sind etwa um die Hälfte kleiner als die Obir-Höhle. Dafür haben sie zusätzlich einen Schlossberg mit Burgruine (eine ehemalige Fluchtburg) zu bieten.

> Das Peter-Handke-Archiv im Stift Griffen, ein im Jahr 1236 gegründetes ehemaliges Prämonstratenser-Stift 3 km westlich von Griffen, präsentiert Werke des in diesem Ort geborenen Schriftstellers.

Die Schauhöhlen im Marmorblock tief drunten im Berg zählen zu den ältesten Besiedlungen der Menschheit. Dies konnte anhand von Feuerstellenresten und Knochenfunden längst ausgestorbener Tiere wie dem Höhlenbär und dem Wollnashorn rekonstruiert werden. Als Unterschlupf diente die Höhle auch noch in Kriegszeiten. Schon 1957 offiziell zum Naturdenkmal erklärt, beeindruckt die einmalige Farbenpracht der Höhlendecken.

Eine Führung ist Pflicht und dauert etwa 40 Minuten inklusive multimedialer Zeitreise. Zurück aus der Unterwelt, stellt die Manufaktur »Terra-Nigra« neben dem Höhleneingang schwarzes Porzellan her – eine echte Rarität.

Spaziergang auf dem Meeresgrund

Rund 3 km südlich von Bad Eisenkappel hat sich der Trögernbach etwa 600 m tief in den Dolomit gefressen. Eine kleine Zubringerstraße führt durch die so entstandene Trögerner Klamm, deren schmale Fahrbahn auch für Rollis geeignet ist. Zu den seltenen Tieren der als Naturschutzgebiet ausgewiesenen Schlucht zählen die »gestreifte Quelljungfer« (eine gefährdete Libellenart) und die »Gelbbauchunke«, ein Froschlurch. Im Bach fühlen sich auch viele Bachforellen wohl. Der Spaziergang am Meeresgrund – in Urzeiten war diese Gegend eine Meereslagune – beginnt beim Wasser führenden Silber-Bründl und endet eine Stunde später bei der Bergkirche »Zum Heiligen Kreuz«. Er schlängelt sich durch bizarre Kalksteinfelsen hindurch vorbei an Unikaten wie einem versteinerten Baumstrunk, der heute als Brunnenbecken dient. Am Rand glatt geschliffener Gumpen zeugt fossiler Schotter von der 250 Millionen Jahre alten Erdgeschichte. Die Kirche »Zum Heiligen Kreuz« wird nur für Gottesdienste geöffnet – allerdings ist die Aussicht von diesem Kraftplatz schon für sich alleine ein lohneswertes Wanderziel. Die Trögerner Klamm zählt zu den artenreichsten Naturräumen Europas, unter anderem wegen ihrer 110 Spinnen- und 23 Weberknecht-Arten. Den meisten Besuchern ist die Beobachtung einiger der 40 verschiedenen Vogelarten in der Region allerdings um einiges sympathischer. Das Ende der Klamm ist zugleich der Anfang einer Wasser-Erlebniswelt für Kinder – allerdings ohne Aufsicht. Im 25 m langen Spielbach dürfen Schleusen geöffnet und geschlossen werden, Steinwurftechniken können erprobt und Balancierbalken für Geschicklichkeitsübungen getestet werden. Sich mit Seilrutschen durch das Gelände zu schwingen, ist ebenfalls möglich. Rastplätze sind reichlich vorhanden.

> Kurz vor Bad Vellach (südlicher Nachbarort von Eisenkappel) zweigt eine Straße in das slowenische Logar-Tal ab – es zählt zu den schönsten im Alpenraum. Den dazugehörigen Grenzübergang Paulitsch-Sattel mit der neuen Straße gibt es erst seit ein paar Jahren.

KARTE ▶ AK6

Was: Klamm mit bizarren Kalksteinfelsen, Naturschutzgebiet
Wo: 3 km südlich von 9135 Bad Eisenkappel
Wann: Mai–Okt., Eintritt kostenlos

Essen & Trinken: Gasthaus »Zum Franzl« am Ende der Klamm, 9135 Bad Eisenkappel, Trögern 1, Tel. 0 42 38/8 51 00
Web: www.wasserreich.at, www.bad-eisenkappel.info

Sonstiges: am Ende der Klamm Wasser-Erlebniswelt für Kinder; Tourismusverein Bad Eisenkappel, 9135 Bad Eisenkappel, Hauptplatz 7, Tel. 0 42 38/86 86

Ferienhotels
Sonne
Klopeiner See

Golf- und Strandhotel Sonne

Sonnenstunden direkt am See!
Im Süden Kärntens, direkt am wärmsten See Österreichs mit einer Temperatur bis zu 28°C liegt unsere familiär geführte Hotelanlage.

Wohlfühlen – Entspannen – Genießen:
Großes Seebad mit 3 Sonnenstegen und Liegewiesen inkl. Strandplatzgarantie mit Liegen und Sonnenschirmen.

Spa & Wellness:
Hallenbad mit Schwimm- und Sprudelbecken.
NEU: Sonne See Spa - Panoramasauna mit Entspannungsterrasse und direktem Strandzugang, Eisbrunnen, Kräuterbadl, mediterranes Dampfbad, Ruheräume mit Wasserbetten und Komfortliegen, modern eingerichteter Fitnessraum mit Techno-gymgeräten, Beautyangebot mit Massage, Kosmetik und Fußpflege in klimatisierten Räumen.

Abwechslungsreiche Freizeitgestaltung
inkl. gef. Nordic Walking- und Lauftreffs, Entspannungs-Workouts, etc.

Liebevolle Baby-Betreuung und spannende Kinderanimation im Baby+Kinderhotel Sonnelino.

Sonne Special Weekend

im DZ mit Panorama-Seeblick, inkl. Gourmet-HP und allen Sonne-Inklusivleistungen

3 ÜN (Do-So)   ab € 201,--
4 ÜN (So-Do)   ab € 244,--

Mateidl Hotel-Betriebsges.m.b.H.
9122 St. Kanzian/Klopeiner See, Westufer 17-19, Österreich

KÄRNTEN
URLAUB BEI FREUNDEN

Kontakt: sonne@sonne.info • www.sonne.info
Tel.+43(0)4239 2337

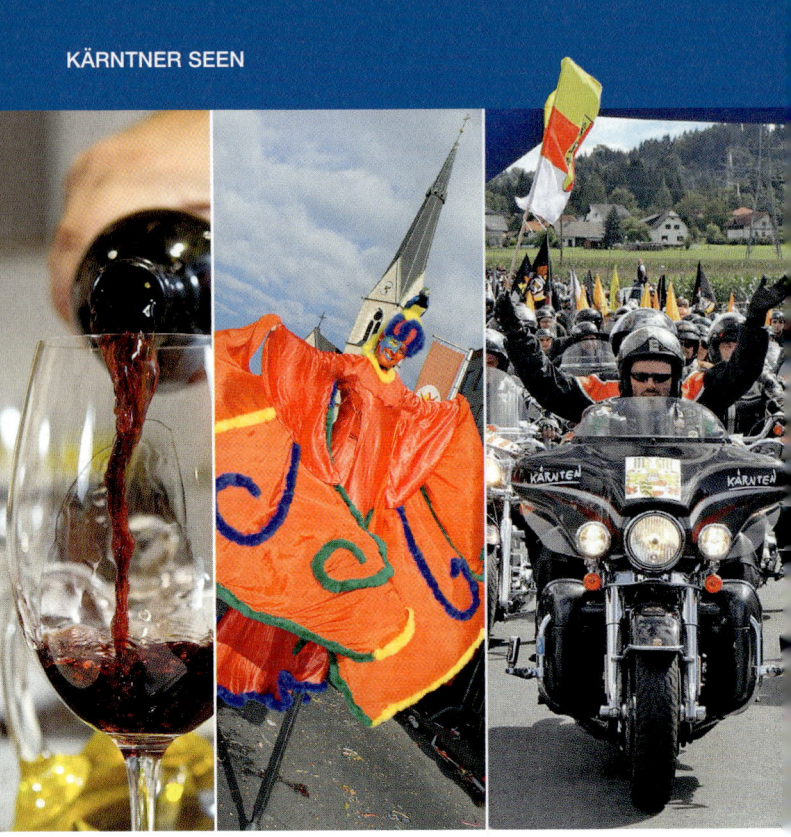

Wissenswertes über Kärnten

VERANSTALTUNGSKALENDER KÄRNTNER SEEN

JANUAR

Alternative Holländische 11-Städte-Tour

Die besten Eisschnellläufer aus den Niederlanden treten an (Distanzen bis 200 km).

14 Tage, ab Mitte Januar
Weissensee
www.weissensee.com

Champ or cramp

Gemeint ist »Skibergsteigen« als Aufstiegsrennen – also nicht runter-rasen, sondern hinauflaufen. Auf der 8,5 km langen schwarzen Abfahrt vom Goldeck eine echte Herausforderung.

3. Samstag im Januar
Spittal a. d. Drau – Goldeck
www.champorcramp

FEBRUAR

Internationales Eisgolf-Turnier

Golfen auf dem zu diesem Zeitpunkt stets tief gefrorenen See, Golfbälle mit verschiedenen Farben (außer weiß).

3 Tage am 2. Februar-Wochenende
Weissensee
www.weissensee.com

APRIL

»Seefest – das Opening am Wörthersee«

Musik auf vier Großbühnen, int. Stars, Shuttleservice mit Bussen und Schiffen. Extra Kinder-Programme. Kein Eintritt! Über 70 000 Besucher.

Letztes Wochenende April mit 1. Mai
Rund um den Wörthersee
www.sommeropening.com

MAI

Musikwochen Millstatt

Geistliche und weltliche Chor- und Orchesterwerke in großer Besetzung, Kammermusik, Orgel- und Jazzkonzerte. Umfangreiches Rahmenprogramm.

Mai bis Oktober
Stift und Stiftskirche, Millstatt
www.musikwochen.com

JUNI

Goldene Forelle vom Weissensee

Internationaler Angel-Wettbewerb mit über 200 Teilnehmern, drei Tage. Siegerehrung je nach Gewicht der Beute, mit Zeltfest.

1. Woche Juni
Weissensee, www.weissensee.com

Gailtaler Speckfest

Verkostung der EU-geschützten Spezialität an der Quelle – mit Musik, Show und Kinderprogramm.

1. Wochenende im Juni, Hermagor
www.speckfest.at

Genuss-Floßfahrt auf dem Weissensee

Verkostung von Fisch-Spezialitäten auf einem riesigen Floß.

5 Termine zwischen Juni und August
Weissensee, www.weissensee.com

Auto-News Wörthersee

Vormals GTI-Treffen – Europas Nr. 1 für Tuning-Fans und Auto-Narren aller Hubraumklassen aus knapp 20 verschiedenen Nationen.

4 Tage rund um Christi Himmelfahrt
Reifnitz/Maria Wörth
www.woertherseetreffen.at

Reger Andrang bei den Festspielen in der Burgarena Finkenstein.

MTB Around Griffen

Zwei Mountainbike-Rennen mit sechs bzw. zwölf Stunden Dauer rund um den Schlossberg in Griffen, auch für Hobbyfahrer geeignet. Wer die meisten Runden schafft, der gewinnt.

Immer Christi Himmelfahrt
Griffen, www.griffen.gv.at

Alpen-Adria-Markt

Fest der Begegnung, Kulinarisches aus Kärnten, Italien und Slowenien mit viel Musik.

2. Wochenende im Juni
Völkermarkt
www.völkermarkt.at

Internationales Sportwagenfestival

Rund 500 Teilnehmer, rund 25 000 Zuschauer. Viel teures, schönes Blech, viel roter Farbanteil.

Letztes Juni-Wochenende
Velden, www.woerthersee.com

Festspiele Burgarena Finkenstein

Hoch über dem Faaker See werden Opern, Theater, Rock/Pop und Kabarett mit bis zu 1500 Besuchern pro Veranstaltung geboten – eindrucksvolle Naturkulisse.

Juni bis August
Altfinkenstein – Faaker See
www.burgarena.at

Kleinfeld-Europacup

Treffen von ca. 300 Mannschaften aus 17 Nationen – mit den besten europäischen Hobbyfußballern.

Letztes Wochenende im Juni
www.europacup.at

JULI
Komödienspiele Porcia

Klassische Theateraufführungen mit heiterer Note, im Innenhof des Renaissance-Schlosses Porcia.

Juli und August
Spittal a. d. Drau
www.komoedienspiele-porcia.at

Ein Mega-Event: Ironman Austria.

Ironman
Beim größten Triathlon-Event in Europa mit über 2000 Teilnehmern ist auch das das Zuschauen anstrengend – und spannend zugleich.
1. Sonntag im Juli
Klagenfurt
www.ironmanaustria.com

Naturpark Cross Triathlon
Mannschafts- und Einzelwettkampf über 500 m Schwimmen, 15 km Mountainbike, 9 km Laufen.
1. Samstag im Juli
www.weissensee.com

Starnacht am Wörthersee
Schlagerfestival mit bekannten Größen am laufenden Band, 1. Liga der int. Unterhaltungs-Branche.
2. Samstag im Juli, Pörtschach
www.starnacht.at

Internationaler Chorwettbewerb
Konzertreihe europäischer Spitzen-Ensembles, koordiniert vom ausgezeichneten Singkreis Porcia.
2. Juli-Wochenende
Schloss Porcia
Spittal a. d. Drau
www.singkreis-porcia.at

See in Flammen
Riesen-Feuerwerk mit Rahmenprogramm für die ganze Familie. Rund 6000 Feuerwerkskörper steigen in den Himmel. Sogenannte Wasserbomben verwandeln den See in ein Flammenmeer.
Ein Freitag oder Samstag am zweiten Juli-Wochenende
St. Kanzian, Nordufer-Promenade
www.klopeinersee.at

Internationales Straßenkunstfestival
Gaukler & Co. auf allen Straßen und Plätzen der Innenstadt – 150 Künstler aus 15 Nationen weltweit.
Letzte Juli-Woche
Villach
www.villach.at/kultur

Fête Blanche & Velden White Elements
Bei der bekanntesten Party Österreichs muss alles weiß sein – von Hut bis Schuh, Handtasche bis Sessel, Hund bis Auto.
3. Freitag im Juli
Velden und Pörtschach
www.feteblanche.at

Ackern
Event-Fläche inmitten eines Sonnenblumenfeldes mit Strohballen als Sitze, Bühne (lokale Bands), Lagerfeuer und einer »Nacht der Tracht« für Traditionalisten.
Den ganzen Juli
Warmbad Villach
www.ackern.at

Festival Carinthischer Sommer
Kultur-Festival Nr. 1 in Kärnten mit Kirchenopern, Kammermusik, Theater, Kursen. Internationale Starbe-

setzung, Schwerpunkt Avantgarde. Sonderprogramm für Kinder.

Mitte Juli bis Mitte August
Ossiach und Villach
www.carinthischersommer.at

AUGUST
Beachvolleyball Grand Slam
Profi-Wettbewerb mit internationaler Besetzung, extrem cool.

6 Tage Anfang August
Klagenfurt
www.beachvolleyball.at

Villacher Kirchtag
Größtes Brauchtumsfest in Österreich, mit Vergnügungspark, Unterhaltungsprogramm, Life-Konzerten.

Erste Woche August, Villach
www.villacherkirchtag.at

Nassfeld Kirchtag
Beliebtes Freundschaftstreffen verschiedener italienischer und österreichischer Brauchtumsgruppen.

1. Sonntag im August, Nassfeld
www.nassfeld.at

La Guitarra esencial
Sechs Saiten, die die Welt verzaubern: Internationale Experten spielen Gitarre und geben Konzerte, Workshops, Masterclasses.

5 Tage Anfang August
Millstatt – Kongresshaus
www.laguitarraesencial.com

Österreichisches Honigfest
Süße Köstlichkeiten: Alles, was mit Bienen zu tun hat – u.a. Honig schleudern und verkosten.

2. Wochenende im August
Hermagor
www.honigfest.at

Farant Straßenfest
Farant (auf Hochdeutsch: »Feierabend«). Deshalb gibt's bei diesem Fest Musik zum Tanzen sowie regionale Spezialitäten aus Küche und Keller. Rund 90 Aussteller präsentieren verschiedenes Kunsthandwerk.

Mitte August
Globasnitz
www.globasnitz.at

Weiße Westen garantiert: bei der Fête Blanche am Wörthersee.

Marien-Schiffsprozession in Klagenfurt.

Marien-Schiffsprozession
Marienwallfahrt und Schiffsprozession auf dem Wörthersee mit festlich geschmückten Booten, Andacht, Kräuter-Segnung, Großfeuerwerk.
15. August
Klagenfurt
www.woerthersee.com

Volkslauf rund um den Pressegger See
Traditionelle Veranstaltung, klassische Distanz 5,6 km, Kinder-Schüler-Strecken 1–2,5 km, längste Runde 12,4 km.
Immer am 15. August
www.presseggerseelauf.at

Jauntaler Salamifest
Feierlicher Anschnitt der Jauntaler Salami (reines Schweinefleisch) anlässlich der Kür einer Salamiprinzessin, mit Frühschoppen. Eberndorf liegt an der Jauntaler Salami-Straße.
Letzter Sonntag im Juli oder erster im August, Stift Eberndorf in Eberndorf
www.salamigenuss.at

Kunsthandwerksmarkt Ossiach
130 Kunsthandwerker aus sieben europäischen Ländern stellen aus. 40 000 Besucher.
4 Tage, immer Mitte August
Ossiach am See
www.kunsthandwerksmarkt.com

Ritterspiele auf Burg Sommeregg
Bespieltes Mittelalterdorf mit Markt- und Turnierplatz, Schaukämpfen bekannter Stunt-Gruppen.
14 Tage im August
Seeboden
www.burgsommeregg.at

Kaiserfest
Festumzug in historischen Gewändern, Konzerte, Showeinlagen, Feuerwerk rund um den Geburtstag von Kaiser Franz Josef.
3. Samstag im August
Millstatt, www.millstatt.at

Pink Lake
Internationales Schwulen- und Lesbenfestival.
Letzte Woche August
Pörtschach, www.pinklake.at

SEPTEMBER

Bleiburger Wiesenmarkt

Volksfest mit Vergnügungspark, Wiesenwirten, Landmaschinen-Ausstellung, »Dirndl- und Lederhosen-Sonntag«.

1. Wochenende September, Bleiburg
www.bleiburgerwiesenmarkt.at

European Bike Week

Das ehemalige »Harley-Davidson-Treffen« ist zum größten Motorrad-Event Europas aufgestiegen. Ca. 70 000 Bikes rund um den See, Teilnahme auch ohne motorisiertes Zweirad möglich.

Sechs Tage rund um das zweite
September-Wochenende
Faaker See
www.europeanbikeweek.com

Nordic-Walking-Weltmeisterschaft

WM mit »Touristenklasse«, auch für Hobbysportler interessant. 2 Wettbewerbe, Empfehlung für Gäste: Die »Cross Country«-Strecke.

2. Wochenende im September
Feistritz ob Bleiburg – Petzen
www.sc-petzen.net

Diexer Volksfest

Traditioneller Saison-Höhepunkt der Landjugend von Diex. Mit Life-Band und großem Festzelt, sehr authentisch.

2. Wochenende im September
Diex, www.sonnenort.diex.at

Tour 3 – Sternwanderung

Teilnehmer aus Italien, Slowenien und Kärnten inkl. Gästen treffen sich auf dem Dreiländereck (Arnoldstein) auf 1500 m Seehöhe und verzehren landestypische Kost auf bunt geschmückten Holztischen mit musikalischer Begleitung.

An einem Sonntag Mitte September
Arnoldstein. www.3laendereck.at

Nockalmfest

U. a. mit dem Nockalm-Quintett in Original-Besetzung am Original-Schauplatz.

3. Wochenende September,
Freitag bis Sonntag
Millstatt. www.millstaettersee.at

Had'n-Herbst

Kulinarisches Festival, das sich um den Buchweizen dreht (mundartlich »Had'n«) – von Had'nbrot über Had'nlikör bis zu Had'n-Chips.

3. Wochenende im September
Gemeinde Neuhaus im Jauntal
www.hadn.info

Shimano Angeln Kristall-Renke vom Millstätter See

Angelwettbewerb mit div. Disziplinen wie Renke, Waller, Hecht und Barsch.

Termin: immer in der letzten
September- und 1. Oktoberwoche
Millstätter See, www.renke.at

NOVEMBER

Villacher Christkindlmarkt, Villacher Fasching

Das Christkindlmarktambiente mit Renaissance-Bauten rund um die Stadtpfarrkirche St. Jakob ist stimmig. Und pünktlich zum Faschingsbeginn wird mit der Vorstellung des Prinzenpaares am Villacher Hauptplatz die neue Faschingssaison eingeläutet.

Christkindlmarkt vom 3. Samstag im November bis 24. Dezember, www.villach.at, www.villacher-fasching.at

Wissenswertes von A bis Z

Kärnten auf einen Blick

LAND & LEUTE: 9536 km² sind viel Platz für knapp 560 000 Einwohner – das ist Rang 6 unter den 9 österreichischen Bundesländern. Den größten Teil der Fläche (57 %) bedeckt Wald, gefolgt von 19 % für die Landwirtschaft. Siedlungs- und Verkehrsflächen machen nur 5 % aus. 132 Gemeinden und 17 Städte verteilen sich auf 68 Kilometer von Nord nach Süd sowie auf 177 Kilometer von West nach Ost Gesamtausdehnung. Die Landeshauptstadt Klagenfurt bringt es auf 94 000 Einwohner, Villach mit 59 000 bedeutet Platz 2. Mit einem Brutto-Inlandsprodukt von 24 500 € pro Kopf liegt Kärnten knapp ein Viertel über dem EU-Durchschnitt.

POLITIK: Von den 36 Mitgliedern im Landtag entfallen auf »Die Freiheitlichen in Kärnten« 17, auf die SPÖ 11, auf die ÖVP 6 sowie auf die Grünen 2, dementsprechend ist auch die Aufteilung der 7 Landesregierungs-Mitglieder (die Grünen sind dort nicht vertreten).

RELIGION: 77 % der Kärntner sind katholisch, 10 % evangelisch, 8 % ohne, 5 % haben ein anderes Bekenntnis.

ANREISE MIT AUTO UND BAHN
Kärnten beginnt 100 Kilometer auf der A10 (Tauernautobahn) südlich von Salzburg, ist vom Westen gut über die Felbertauernstraße und im Osten über die Autobahn nach Graz und Wien erreichbar. Alle Überquerungen des Alpenhauptkammes sind mautpflichtig (ab 8 €), und das »Pickerl« für das österreichische Autobahnnetz kostet zusätzlich 7,90 € für 10 Tage, 23,00 € für zwei und 76,50 € für 12 Monate. **Geschwindigkeitsbegrenzungen:** Innerorts 50 km/h, Landstraßen 100 km/h, Autobahnen 130 km/h. **Alkohol:** 0,5 ‰.
Mit der Bahn sind die Kärntner Seen über den internationalen Verkehrsknoten Villach noch bequemer zu erreichen.

ANREISE MIT DEM FLUGZEUG
Der Flughafen in Klagenfurt ist an Wien sowie an die wichtigsten deutschen Flughäfen gut angebunden und verfügt über ein gutes Mietwagen-Angebot.

AUSKUNFT
Die fünf maßgeblichen See-Regionen haben zentrale Telefon-Anlaufstellen und hilfreiche Websites:
0 47 66/37 00 und **www.millstaetersee.at** für den Millstätter See,
0 42 39/22 22 und **www.klopeinersee.at** für den Klopeiner See,
0 42 42/4 20 00 und **www.regionvillach.at** für den Ossiachersee,
0 42 82/31 31 und **www.naturarena.com** für den Weissensee und
0 42 74/3 82 88 und **www.woerthersee.com** für den Wörthersee, die

Umgebung bzw. die benachbarten Seen jeweils mit eingeschlossen. Überregional: Die Kärnten-Werbung, 0 42 74/5 21 00. Casinoplatz 1, 9220 Velden, **www.kaernten.at**. Alle Websites haben Links zu Email-Adressen, bei denen Prospekte bestellt oder gebucht werden können.

BIKEN AN DER DRAU

Die Drau ist der Hauptfluss des Landes und einziger Fluss mit Ursprung in Italien, der nicht ins Mittelmeer mündet. Entlang der Ufer führen rund 360 km gepflegte Radwege.

BRAUCHTUM

Wer an unverfälschten Kärntner Sitten und Gebräuchen interessiert ist, sollte im Frühling oder im Herbst kommen. Dann finden kuriose Feste wie etwa das »Kufenstechen« statt: Von einem Pferd aus (ohne Sattel) muss in vollem Galopp ein kleines Faß mit einer Keule zerschlagen werden. Oder das ähnliche »Kranzlreiten«, bei dem es mehr um Schnelligkeit geht. Das »Striezelwerfen« soll an das jährliche Armenmahl einer großzügigen Adelsfrau erinnern, wenn Hunderte Hefezöpfe von einem Balkon in die Menge geworfen werden. Diese Bräuche werden rund um Ostern und Pfingsten gefeiert. Im Herbst sind Almabtriebe und Erntedankfeste wegen ihrer Farbenpracht immer einen Besuch wert. Im Advent schwimmt auf dem Wörthersee ein riesiger Kranz, und auch in allen anderen Seengebieten finden vorweihnachtliche Bräuche zurück zu ihren Wurzeln. Beim Perchtenlauf in Villach etwa, am ersten Dezember-Wochenende, nehmen über 500 Maskierte teil – ein optisches Spektakel.

Reiterspiele wie »Kufenstechen« oder »Kranzlreiten« bedeuten gelebtes Brauchtum.

CAMPEN
Einmaliges Übernachten außerhalb von Campingplätzen ist erlaubt, allerdings nicht in Schutzgebieten und bei örtlichen Einschränkungen, z. B. in der Nähe von Autobahnausfahrten. Tipp: Den Besitzer bzw. Verwalter eines Grundstückes fragen.

DIALEKT
Ob nun eine problemlose Verständigung zwischen Einheimischen und Touristen ohne Sprachbarriere von Vor- oder Nachteil ist, sei dahingestellt. Zu wissen, was »Lei lås'n« bedeutet (Mundart für: Nur keine Aufregung! Entspann' dich!), kann aber nie schaden. Der Kärntner Dialekt klingt sympathisch und kommt dem Wunsch der meisten Besucher entgegen, sich mit Land und Leuten auch jenseits rein touristischer Sprachfloskeln auseinandersetzen zu können.

EINKAUFEN
Professionelle Sport- und Wanderausrüstung, landestypische Textilien, Leinen und Gewalktes sowie Granat-Schmuck zählen zu den typischen Souvenirs und Mitbringseln. Wer gerne bei Direktvermarktern oder am Bauernhof einkauft: **www.einkaufenaufdem bauernhof.at**

GESCHICHTE
Zunächst Teil der keltischen, später der römischen Provinz Noricum, tauchte im 6 Jh. erstmals der Name »Karantanien« auf. Fränkische Könige wurden von bayerischen Herzögen und die wiederum vom Hause Habsburg als Regenten abgelöst (Kärnten war 1867–1918 Kronland von Österreich-Ungarn). Nach kriegsbedingten Gebietsverlusten stimmten die Südkärntner 1920 in einer Volksbefragung für den Verbleib bei Österreich ab – gegen Jugoslawien. Entscheidend dafür war das Votum der Kärntner Slowenen – eine der Ursachen des späteren »Ortstafel-Streits«, der erst 2010 durch die Aufstellung zahlreicher zweisprachiger Tafeln entkrampft werden konnte.

INFRASTRUKTUR
Ein dichtes Netz öffentlicher Verkehrsmittel ermöglicht auch ohne Auto ein gutes Fortkommen. Außerhalb der Saisonspitzen im Juli und August ist Autofahren auf den gut ausgebauten Straßen durchaus vergnüglich. Ausnahme: regionale Feste. Alle fünf Seengebiete und die »Kärnten Werbung« mit Sitz in Velden haben zentrale Auskunfts-Stellen (s. S. 114/115) und geben auch verkehrstechnische »Geheimtipps«.

KÄRNTEN CARD
»Die Mutter« aller europäischen Kartensysteme für den Tourismus, 1996 geschaffen und schon mehr als zwei Millionen Mal eingesetzt. Sie ermöglicht die kostenlose Nutzung von rund 100 Bergbahnen, Schiffen, Mautstraßen und ermöglicht ermäßigte Eintritte in Sehens- und Erlebenswertes. Alle fünf Seengebiete in MERIAN aktiv bieten darüber hinaus regionale Zusatzkarten bzw. weitere, kostenlose Extraleistungen an. Sie alle vereinfachen die Planung bzw. Berechnung von Urlaubskosten und kommen dem All-inclusive-System nahe, weil sie dem Gast

helfen, für einen kleinen Pauschal-
betrag Kosten zu sparen. Preis z. B.
für 2 Wochen 42 € für Erwachsene,
18 € für Kinder unter 6 J. und ab
3 Kinder gratis.

KINDER-URLAUB
Die internationale Marke »Baby-
hotels« wurde in Kärnten erfunden.
Das ganze Land ist sehr gut auf
Familienurlauber eingestellt.

KULINARISCHES
Unsere fünf Seengebiete liegen
allesamt in der Nähe des Dreilän-
derecks Italien-Slowenien-Öster-
reich: Das wirkt sich auf die Vielfalt
aus und auf die Qualität ebenso.
Der »Kärntner Reindling« über-
zeugt mit den vielen Variationen
zwischen süß und sauer – aus
Germteig mit Rosinen, Nüssen und
Zimt. Allgegenwärtig sind die »Kasnudln«, den Ravioli recht ähnlich:
mit Quark/Topfen, Kräutern, auch
mit Sauerkraut und Fleischfüllung.
Besonders stolz sind die Kärntner
auf den Gailtaler Speck und auf
den Gailtaler Käse, beide mit EU-
Ursprungszeugnis. Der aromati-

In der Schnapsbrennerei.

sche Almkäse wird nur mehr von
14 Almbauern nach alter Tradition
hergestellt. Das dunkelrote Fleisch
des Gailtaler Specks ist mild gesal-
zen bzw. gewürzt – man schmeckt
also noch was vom Fleisch. Auf die
grüne Plombe achten – dann
kommt er aus einem bäuerlichen
Familienbetrieb! Zu viel verkostet?
Dann empfiehlt sich als Abschluss
ein »Kärntner Mostbrand« aus der
Pfau-Brennerei in Klagenfurt. Motto
des Inhabers Valentin Latschen:
»Das Leben ist (auch) zu kurz, um
schlechten Schnaps zu trinken« ...

ÖFFENTLICHE VERKEHRSMITTEL
Gut ausgebautes Bus- und Bahn-
netz. Überblick Umschlagklappe
hinten und bei **www.fahrgast.at/
kaernten**

REISELITERATUR
Leykam, Alexander Sattmann,
Kärnten verstehen (2009)
Carinthia, Gottfried Haber,
Kärnten – bist du noch zu retten?
(2010)
Carinthia, Kerstin M.Gansl,
Kraft- und Kultplätze in Kärnten
(2010)

Kasnudln: Echte Hausmannskost.

Carinthia, Achim Schneyder,
Kärnten – Küche und Kultur (2009)
Carinthia, Anita Arneitz, Petra Feier,
Winterreiseführer Kärnten (2010)
Heyn, Ilse Spielvogel-Bodo, Kunst
& Künstler in Kärnten (2010).
MERIAN *Magazin,* Kärnten (2009)

PILZE SAMMELN
Maximal 2 kg pro Person, in Natur-
schutzgebieten und Nationalparks
verboten!

REITEN
Insgesamt 1500 km Reitwege in
ganz Kärnten. »Reit-Eldorado«
bündelt 44 Betriebe mit Pferden,
Unterricht, Reitstunden, Pferde-
schlitten im Winter etc. Frau Theres
Smolka, Hauptplatz 23,
9300 St. Veit a. d. Glan,
Tel. 0 42 12/2 88 80 69 39,
www.reit-eldorado.at

SCHIFFFAHRT
Regelmäßiger Linien-Betrieb auf
allen großen Seen sowie auf der
Drau und auf dem Lend-Kanal
(Wörthersee-Klagenfurt).

SINGEN UND MUSIZIEREN
Prozentual größte Sangesfreude in
Österreich, auf Vereinsbasis hoch
kultiviert. Ein Kärntner Wort mit X:
»Xangsverein«. Über 360 Chöre mit
zusammen 10 000 Mitgliedern sind
alleine im »Kärntner Sängerbund«
organisiert.

TELEFON
Alle angegebenen Telefonnummern
gelten innerhalb von Österreich.
Bei Anrufen aus Deutschland: Mit
0043 beginnen und dann die Null
vor der Orts-Vorwahl weglassen.

Kärnten ist ein Paradies für Reiter.

TOURENGUIDE
Ein 2010 gestartetes, webbasiertes
Kartensystem, auch als iPhone App
zu haben, mit rund 300 Tourenan-
geboten, vor allem für Wanderer,
www.kaernten.at

WALLFAHRTEN
Pilgern hat auch in Kärnten wieder Konjunktur. Krönung ist der
»Vierbergelauf«, der natürlich
kein klassischer Lauf ist. Die
Wanderung ab Mitternacht geht
über 52 km mit 5 Messen, immer
14 Tage nach Ostern (Dreinagel-
freitag).

WEIN
Die Erträge aus 100 ha Anbauflä-
che, kultiviert von den 200 Mitgliedern des Weinbauverbandes
Kärnten, werden mit Begeiste-
rung an Ort und Stelle getrunken
und verkauft – für den Export
reicht es nicht. Die Qualität aus
Chardonnay, Weißburgunder,
Blauer Zweigelt und anderen
Trauben wird von Experten als
außergewöhnlich gut bezeichnet, **www.weinauskaernten.at**

WETTER

Die durchschnittliche Lufttemperatur liegt bei 21 Grad – schon im Mai. Und bei den ebenso objektiven Werten der Zentralanstalt für Meteorologie und Geodynamik in Wien liegt Villach gleichauf mit Lienz in ganz Österreich auf Platz eins, Klagenfurt und Millstatt folgen dicht auf den Fersen. Bei den »Sonnenschein-Stunden pro Jahr« liegen sie allesamt bei rund 2000. Bleiben die durchschnittlichen Temperaturen zwischen Mai bis September über 20 Grad, sieht es bei den Wassertemperaturen etwa im Wörthersee ähnlich aus. Spätestens Anfang Juni bis Ende September kann man »warm baden«. Mehr oder weniger Regen fällt zwischen Mai und Oktober durchschnittlich an neun Tagen pro Monat – so bleiben die Wiesen grün.

WINTER

Beispiel Dreiländereck: Das ist jene Ecke, an der drei Landesgrenzen zusammenstoßen, beliebt als Familienskigebiet. Hausberge wie etwa das Goldeck, die Gerlitze oder die Petzen erreichen gut 2000 Meter Seehöhe und sind damit schneesicher. Bad Kleinkirchheim, der Katschberg, Heiligenblut und das Nassfeld (mit alleine rund 100 Pistenkilometern) sind die »Big Player«. Ganz Kärnten bringt es inzwischen auf eintausend Kilometer gepflegte Pisten mit guter Beschneiungstechnik. Rund um die Seen haben sich vor allem auf Wellness spezialisierte Hotels zusammengeschlossen, die schnelle Verbindungen zu den nahen Skigebieten genauso anbieten wie lärmarmes Entspannen nahe am Seeufer. Rund 15 Prozent der Landesfläche gehören zu den Alpen – ein riesiges Spielfeld für winterliche Sportarten aller Art.

Pulverschnee ist im Kärntner Winter – hier am Nassfeld – garantiert.

Register

Wintergenuss im Südwesten Kärntens

Kärntens Naturarena punktet im Winter mit Sonne, Süden und Schneesicherheit.

- ☐ **110 Kilometer besten präparierte Pisten am Nassfeld**
- ☐ **30 modernste Seilbahnen und Liftanlagen**
- ☐ **3 Familienskigebiete Kötschach-Mauthen, Weissbriach, Weissensee**
- ☐ **3-Länder-Kulinarik aus Italien, Slowenien und Österreich**
- ☐ **die größte Natureisfläche Europas, der Weissensee, mit 6,5 km²**
- ☐ **300 Kilometer Langlaufloipen – größtes Loipennetz Kärntens**
- ☐ **150 Kilometer Winterwanderwege**
- ☐ **Skitouren- und Schneeschuh- wanderparadies Lesachtal**

GENUSS TIPP | Verwöhnen Sie Ihren Gaumen mit EU geschützten Produkten wie dem Gailtaler Speck und dem Gailtaler Almkäse.

Karnische Tourismus GmbH
Hauptstraße 14, 9620 Hermagor, Österreich
Telefon: +43(0)4282/3131, Fax: DW -31
E-Mail: info@naturarena.com
www.naturarena.com

KÄRNTEN

Quickfinder – alle Ausflugstipps auf einen Blick

Tipp	Seite	Ort	Ausflugstipp	Jahreszeit
1	14	Seeboden	Burg Sommeregg	ganzjährig
2	15	Millstätter See	Höhensteig	Apr.–Okt.
3	18	Millstätter See	Themenwanderungen und Golfen	ganzjährig
4	20	Millstätter See	»Seeberührungen«	Mai–Sept.
5	21	Millstätter See	Mit dem E-Bike rund um den See	Apr.–Okt.
6	22	Millstatt	Benediktinerstift Millstatt	Mai–Okt.
7	23	Millstatt	Poetische Nachtspaziergänge	Hochsaison
8	24	Millstatt	Kap 4613 – Pyramide und Feuerinsel im Millstätter See	ganzjährig
9	25	Millstatt	Kulinarische »Seeberührungen«	Juni–Aug.
10	26	Radenthein	Granatium – Feuerstein der Liebe und der Leidenschaft	ganzjährig
11	27	Spittal a.d. Drau	Schloss Porcia	ganzjährig
12	28	Spittal a.d. Drau	Goldeck	Juni–Sept.
13	29	Döbriach	Sagamundo	Mai–Okt.
14	30	Fresach	Naturmoor Mooswald	Mai–Okt.
15	32	Weissensee	Höchstgelegener Badesee der Alpen	Juni–Sept.
16	33	Weissensee	Genuss-Flößen	Juni–Sept.
17	34	Weissensee	Naturpark Weissensee	ganzjährig
18	36	Weissensee-Neusach	Klippenspringen	Juni–Sept.
19	38	Weissensee-Techendorf	Fish-Watching	Juni–Sept.
20	39	Weissensee-Techendorf	Naggler Alm	Juni–Sept.
21	40	Weissensee-Bodenalm	Wildbeobachtung	Juni–Sept.
22	41	Hermagor & Umgebung	Kärntner Spezialitäten auf der »Schmankerl-Roas«	ganzjährig
23	42	Pressegger See	Erstes Familienferiendorf Europas	Mai–Okt., Dez.–März
24	43	Pressegger See	Erster Kärntner Erlebnispark	Mai–Sept.

Restaurant	Museum, Galerie	Wandern, Spazieren	Radeln	Zoo, Tiergehege, Reiten	Ort als Ausflugsziel	Theater, Veranstaltung	Wasseraktivitäten	Tipps für Kids	Sport & Fitness	Freizeit-/Activitypark	Shopping	für Regentage
	🏛				🏛			👪		🎡		☂
✕		🚶							◎			
✕		🚶					≈	👪	◎			
							≈		◎			
			🚴				≈		◎			
	🏛				🏛							☂
					🏛	🎭						
✕						🎭	≈					☂
✕												
					🏛			👪				☂
	🏛				🏛			👪				☂
		🚶							◎			
						🎭		👪				☂
								👪		🎡		☂
✕							≈		◎			
✕							≈					
									◎			
							≈					
✕							≈		◎			
✕		🚶	🚴									
✕		🚶										
✕		🚶				🎭						
							≈	👪				☂
							≈	👪	◎	🎡		

Quickfinder – alle Ausflugstipps auf einen Blick

Tipp	Seite	Ort	Ausflugstipp	Jahreszeit
25	44	Nassfeld/ Garnitzenklamm	Geo-Trails im Geo-Park	Juni–Okt.
26	46	Nassfeld/ Tressdorfer Alm	Felsenlabyrinth & Flying Fox	Mai–Okt.
27	48	Nassfeld	Aqua-Trail »Bergwasser«	Juni–Okt.
28	49	Feistritz a. d. Gail	Fledermaushaus	Juni–Aug.
29	50	Annenheim/ Gerlitzen	Aktivberg in Villachs Nordosten	Juni–Sept.
30	52	Afritz & Umgebung	See, Tierpark, Puppenmuseum	Apr.–Okt.
31	53	Ossiacher See & Umgebung	Neun Badeseen im Umkreis von 9 km	ganzjährig
32	54	Landskron	Die Burg Landskron	Apr.–Okt.
33	56	Bad Bleiberg	Terra Mystica, Terra Montana	Mai–Okt.
34	58	Bad Bleiberg	Bleiberger Heilklimastollen	ganzjährig
35	59	Bad Bleiberg	Stollen-Wanderweg	Mai–Nov.
36	60	Dobratsch (Villacher Alpe)	Erster Kärntner Naturpark	ganzjährig
37	61	Warmbad Villach	Thermenparadies	ganzjährig
38	62	Villach-Stadt	Mediterrane Altstadt & Event-Hochburg	ganzjährig
39	64	Faaker See	Österreichs südlichster See	Apr.–Okt.
40	66	Faak am See	Zitrus-Garten	Apr.–Okt.
41	67	Ledenitzen	Waldseilpark Taborhöhe	Mai–Okt.
42	68	Arnoldstein	Im Dreiländereck	ganzjährig
43	70	Moosburg/ Krumpendorf	Moosburger und Hallegger Teiche	ganzjährig
44	71	Wörthersee	Veldener Bucht	ganzjährig
45	72	Wörthersee	»Badewanne Österreichs«	Apr.–Okt.
46	74	Wörthersee	Rundwanderweg	ganzjährig
47	76	Wörthersee	Wörthersee-Schifffahrt	Apr.–Okt.
48	77	Wörthersee	Radler-Paradies	ganzjährig
49	78	Klagenfurt	Kärntens Hauptstadt	ganzjährig
50	79	Klagenfurt	Minimundus	Apr.–Okt.
51	80	Klagenfurt	Reptilienzoo Happ	Dez.–Okt.

Restaurant	Museum, Galerie	Wandern, Spazieren	Radeln	Zoo, Tiergehege, Reiten	Ort als Ausflugsziel	Theater, Veranstaltung	Wasseraktivitäten	Tipps für Kids	Sport & Fitness	Freizeit-/Activitypark	Shopping	für Regentage
		🚶										
✕							≈		⚭	⚙		
							≈	👫		⚙		
				🐘								☂
✕		🚶					≈	👫	⚭			
✕	🏛	🚶	🚲	🐘		🎭	≈	👫				☂
				🐘			≈	👫	⚭			
✕					🏛							☂
	🏛							👫		⚙		☂
✕												☂
		🚶			🏛							
		🚶						👫	⚭			
✕							≈					☂
✕					🏛						🛍	☂
✕					🏛	🎭	≈		⚭			
✕					🏛	🎭						
								👫	⚭	⚙		
		🚶							⚭			
✕		🚶	🚲	🐘			≈					
						🎭						
							≈		⚭			
		🚶										
✕					🏛		≈					
			🚲				≈		⚭			
✕	🏛				🏛	🎭	≈				🛍	☂
								👫		⚙		☂
				🐘				👫				☂

Quickfinder – alle Ausflugstipps auf einen Blick

Tipp	Seite	Ort	Ausflugstipp	Jahreszeit
52	82	Wörthersee	Maria Wörth – Kirchen- und Glücksinsel	ganzjährig
53	84	Keutschach	Pyramidenkogel	Apr.–Okt.
54	85	Wörthersee	Das »Vier-Seental« mit den sieben Seen	ganzjährig
55	86	Rosegg	Schloss, Labyrinth und Tierpark	März–Nov.
56	87	Ferlach	Tscheppaschlucht mit Waldseilpark	Mai–Okt.
57	88	Diex	Sonnendorf	ganzjährig
58	89	St. Paul im Lavanttal	Benediktinerstift St. Paul	ganzjährig
59	90	St. Kanzian	Walderlebniswelt	Apr.–Okt.
60	91	St. Kanzian	Stollen-Biken – Radeln unter Tag	Apr.–Okt.
61	92	Klopeiner See	Wärmster Badesee Europas	Apr.–Okt.
62	94	Turner See/ Sonnegger See	Moor & Vogelpark & Blumenpark	Apr.–Okt.
63	96	Eberndorf	Tanzhof Michael Baumann	ganzjährig
64	97	St. Primus	Alpe-Adria-Fischen	ganzjährig
65	98	St. Michael ob Bleiburg	Berg-Erlebnispark Petzen	Juni–Okt.
66	99	Bleiburg	Erster österreichischer Kunst-Radweg	Apr.–Okt.
67	100	Feistritz/Blei- burg & Umgebung	Nordic Walking	ganzjährig
68	101	Globasnitz	Pilgern mit dem E-Bike	Apr.–Okt.
69	102	Bad Eisen- kappel/Griffen	Tropfsteinhöhlen Obir und Griffen	Apr.–Okt.
70	104	Bad Eisenkappel	Trögerner Klamm	Mai–Okt.

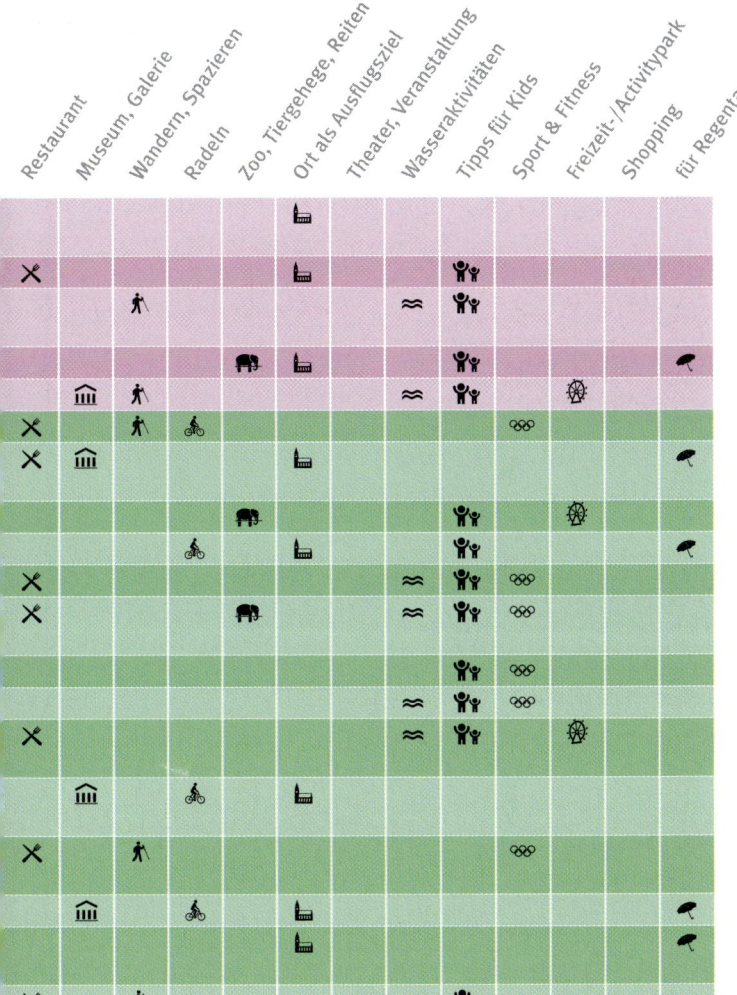

Restaurant	Museum, Galerie	Wandern, Spazieren	Radeln	Zoo, Tiergehege, Reiten	Ort als Ausflugsziel	Theater, Veranstaltung	Wasseraktivitäten	Tipps für Kids	Sport & Fitness	Freizeit-/Activitypark	Shopping	für Regentage
					🏛							
✕					🏛			👫				
		🚶					≈	👫				
				🐘	🏛			👫				☂
	🏛	🚶					≈	👫		⚙		
✕		🚶	🚲						◯◯◯			
✕	🏛				🏛							☂
				🐘				👫		⚙		
			🚲		🏛			👫				☂
✕							≈	👫	◯◯◯			
✕				🐘			≈	👫	◯◯◯			
								👫	◯◯◯			
							≈	👫	◯◯◯			
✕							≈	👫		⚙		
	🏛		🚲		🏛							
✕		🚶							◯◯◯			
	🏛		🚲		🏛							☂
					🏛							☂
✕		🚶					≈	👫				

Liebe Leserinnen und Leser,
vielen Dank, dass Sie sich für einen Titel aus unserer Reihe MERIAN aktiv entschieden haben. Wir freuen uns, Ihre Meinung zu diesem Freizeit zu erfahren. Bitte schreiben Sie an merian-aktiv@travel-house-media.de, wenn Sie Berichtigungen und Ergänzungen haben – und natürlich auch, wenn Ihnen etwas ganz besonders gefällt.

© 2011 TRAVEL HOUSE MEDIA GmbH, München
MERIAN ist eine eingetragene Marke der
GANSKE VERLAGSGRUPPE.

1. Auflage

Alle Angaben in diesem Reiseführer sind gewissenhaft geprüft. Preise, Öffnungszeiten usw. können sich aber schnell ändern. Für eventuelle Fehler übernimmt der Verlag keine Haftung. Alle Rechte vorbehalten. Nachdruck, auch auszugsweise, sowie die Verbreitung durch Film, Funk, Fernsehen und Internet, durch fotomechanische Wiedergabe, Tonträger und Datenverarbeitungssysteme jeglicher Art nur mit schriftlicher Genehmigung des Verlags.
Wir danken allen, die an diesem Buch mitgewirkt und die Produktion unterstützt haben, u. a. sind das die Kärnten Werbung und ihre Tourismuspartner aus der Region der Kärntner Seen.

BEI INTERESSE AN DIGITALEN DATEN AUS DER MERIAN-KARTOGRAPHIE:
kartographie@travel-house-media.de

TRAVEL HOUSE MEDIA
Postfach 86 03 66, 81630 München
merian-aktiv@travel-house-media.de
www.merian.de

PROGRAMMLEITUNG
Dr. Stefan Rieß
KONZEPT UND IDEE
Veronica Reisenegger, Ingra Halder, Andreas Hugle
REDAKTION
Birgit Chlupacek
LEKTORAT
Robert Fischer (www.vrb-muenchen.de)
BILDREDAKTION, GESTALTUNG UND SATZ
VerlagsService Gaby Herbrecht
REIHENGESTALTUNG
bookwise GmbH, München
KARTEN
Gecko-Publishing GmbH für MERIAN-Kartographie
DRUCK UND BUCHBINDERISCHE VERARBEITUNG
Stürtz Mediendienstleistungen, Würzburg
GEDRUCKT AUF
Eurobulk Papier von der Papier Union

MIX
Papier aus verantwortungsvollen Quellen
FSC® C043954
www.fsc.org

TRAVEL HOUSE MEDIA

Ein Unternehmen der
GANSKE VERLAGSGRUPPE

BILDNACHWEIS
Titelbilder (von links nach rechts): Kärntens Naturarena, Tobias Gerber/laif, Bildarchiv Wörthersee Tourismus GmbH; Kärnten Werbung, Rodach: Rücktitel unten
Adrian Hipp: 106 mi; Alpengarten Villacher Alpe: 60; Andreas Riedmiller: 10; Archiv Minimundus: 79; Archiv MTG: 15, 16, 18, 19, 20, 23, 27, 28, 118, Steve Haider: 12 mi, 21, 22, 24, 25, 98; Archiv Stadt Klagenfurt: 78; Arge NATURSCHUTZ, Roland Schiegl: 49; Arnold Morascher/laif: 7; Assam: 11; Assam-Unterkircher: 12 li; Astronomische Vereinigung Kärntens: 51; Benediktinerstift St. Paul: 89; Bildarchiv Wörthersee Tourismus GmbH: 39, 53, 71, 72, 74, 76, 77, 110, 112; Burg Sommeregg/www.sommeregg.at: 14; Carlo Brena: 50; Christholde Schator, Kunstfotografin: 58; Der Zitrus-Garten, Michael Ceron: 66; Ernst Peter Prokop: 61; Franz Gerdl: 54/55, 88, 111; Gemeinde Globasnitz: 101; Geo-Park, Karnische Alpen: 44; Gerald Hänel/GARP: 87; Gerald Hänel/laif: 3 mi; Granatium, Radenthein: 26; Helmut Logar: 59; Hochhinauf-Waldseilpark-Taborhöhe: 67; imagebroker/Alamy: 63; Jalag Syndication/Joern Rynio: 117 unten; Kärnten Werbung: 70, 109, Casati: 52, Edward Gröger: 119, Franz Gerdl: 41, 73, Horst: 106 re, Steinthaler: 106 li; Kärntens Naturarena: 13, 42, 46, 47, 48, 115; Klaura + Kaden: 84; Lois Lammerhuber: 43; Martin Steinthaler/tinefoto.com: 75, 85; Obir-Tropfsteinhöhlen: 102/103; PADI Dive Resort Yachtdiver Weissensee: 38; Pfau Brennerei: 117 oben; Reptilienzoo Happ: 80; Sabine Bungert/laif: 6 mi; SBW-Terra Mystica & Montana: 56, 57; Schapowalow/SIME: 82/83; Schloss Rosegg, fritz-press: 86; Schloss und Tierpark Rosegg: 40; Tanzhof, Dr. Michael Baumann: 96; Terra-Vista/LOOK-foto: 45; Tobias Gerber/laif: 2 re, 6 li, 8/9, 12 re, 17, 32, 92/93; Tourismusregion Klopeiner See – Südkärnten 97, Christian Pongratz: 91, Daniel Zupanc: 94/95; Vi-Fa-Os Tourismus, Assam-Unterkircher: 100, Franz Gerdl: 6 re, Lammerhuber: 62, 64/65, 107; Walderlebniswelt S. Eder: 90; Weissensee Information: 34/35, 37; Weissenseefoto: 33; www.alpe-adria-fischerei.at: 97; www.sagamundo.at: 29; alle weiteren Bilder: MERIAN-Archiv oder Pressematerial